초판 1쇄 발행 2025년 9월 23일

글쓴이   백은영
그린이   최명미

편집   허현정
디자인   이재호

펴낸이   이경민
펴낸곳   ㈜동아엠앤비
출판등록   2014년 3월 28일(제25100-2014-000025호)
주소   (03972) 서울특별시 마포구 월드컵북로22길 21, 2층
홈페이지   www.moongchibooks.com
전화   (편집) 02-392-6901   (마케팅) 02-392-6900
팩스   02-392-6902
SNS   f ⓞ 🅜
전자우편   damnb0401@naver.com

ISBN   979-11-6363-969-5 (73400)

도서출판 뭉치는 ㈜동아엠앤비의 어린이 출판 브랜드로, 아이들의 지식을 단단하게 만들어 주고,
아이들의 창의력과 사고력을 키워 주어 우리 자녀들이 융합형 창의 사고뭉치로 성장할 수 있도록
좋은 책을 만들겠습니다.

초등융합
사회과학
토론왕
91

바닷속 보물을
찾아라!

심해 탐사와
해양 개발

글쓴이 **백은영** 그린이 **최명미**

해양개발,
어디까지 괜찮을까?

뭉치
MoongChi
Books

심해 탐사는 왜 하는 걸까?
심해에서 광물 자원을 개발해야 할까? 보존해야 할까?

선생님의 질문에 교실은 일순간 조용해지기 시작합니다. 인내심이 한계에 다다른 선생님께서 콕 집어 누군가의 이름을 부르는 순간 내가 걸리지 않았다는 안도감에 금세 평온을 되찾지요. 많은 사람 앞에서 어떻게 말을 해야 할까 고민 한번 해 보지 않은 사람은 없을 겁니다.

사람들 앞에서 자신의 생각을 조리 있게 전달하는 기술은 국어 수업 시간에만 필요한 것이 아닙니다. 학교 교실뿐만 아니라 상급 학교 면접 자리 또는 성인이 된 후 회의에서도 자신의 의견을 분명히 표현할 수 있어야 합니다. 하지만 어디서부터 시작해야 할지 몰라 입을 떼는 일이 쉽지 않습니다. 혀끝에서 맴돌다 삼켜 버리는 일도 종종 있습니다. 얼떨결에 한마디 말을 하게 되더라도 뭔가 부족한 설명에 왠지 아쉬움이 들 때도 많습니다.

논리적 사고 과정과 순발력까지 필요로 하는 토론장에서 자신만의 목소리를 내려면 풍부한 배경지식은 기본입니다. 게다가 고학년으로 올라가서 배우는 수업과 진학 시험에서의 논술은 교과서 속의 내용만을 요구하지 않습니다. 또한 상대의 의견을 받아들이거나 비판하기 위해서도 의견의 타당성과 높은 수준의 가치 판단을 해야 하는 경우가 많은데, 자신의 입장을 분명히 하기 위해선 풍부한 자료와 논거가 필요합니다.

토론왕 시리즈는 사회에서 일어나는 다양한 사건과 시사 상식 그리고 해마다 반복

되는 화젯거리 등을 초등학교 수준에서 학습하고 자신의 말로 표현할 수 있도록 기획되었습니다. 체계적이고 널리 인정받은 여러 콘텐츠를 수집해 정리하였고, 전문작가들이 학생들의 발달 상황에 맞게 스토리를 구성하였습니다. 개별적으로 만들어진 교과서에서는 접할 수 없는 구성으로 주제와 내용을 엮어 어린 독자들이 과학적 사고뿐만 아니라 문제 해결력, 비판적 사고력을 두루 경험할 수 있도록 하였습니다. 폭넓은 정보를 서로 연결 지어 설명함으로써 교과별로 조각나 있는 지식을 엮어 배경지식을 보다 탄탄하게 만들어 줍니다. 뿐만 아니라 국어를 기본으로 과학에서부터 역사, 지리, 사회, 예술에 이르기까지 상식과 사회에 대한 감각을 익히고 세상을 올바르게 바라보는 눈도 갖게 할 것입니다.

『바닷속 보물을 찾아라! 심해 탐사와 해양 개발』은 도깨비 공주가 도깨비방망이와 함께 바닷속 보물을 찾아 나서는 흥미진진한 모험 이야기입니다. 도깨비 공주는 투명 갑옷을 입고 해저 곳곳을 탐험하다가, 잠수정을 타고 심해 깊숙이 내려가 신비로운 여정을 이어 갑니다. 이 책은 도깨비 공주와 도깨비방망이의 모험을 통해 심해 탐사가 왜 필요한지, 바닷속에는 어떤 자원이 있는지, 그리고 각국이 심해 잠수정을 어떻게 개발하고 있는지를 자연스럽게 풀어냅니다. 어린이 독자들은 이야기를 따라가며 신비한 심해 세계를 엿보고, 심해 탐사의 의미와 해양 개발의 중요성을 이해할 수 있습니다.

편집부

차례

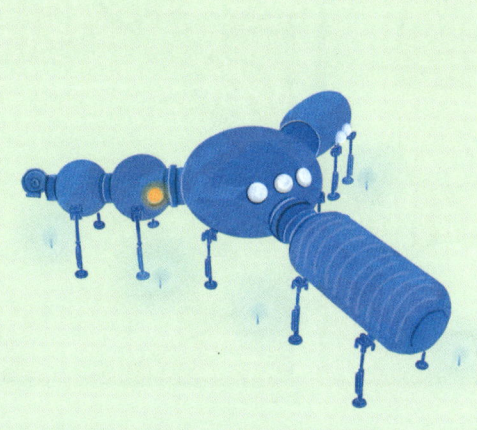

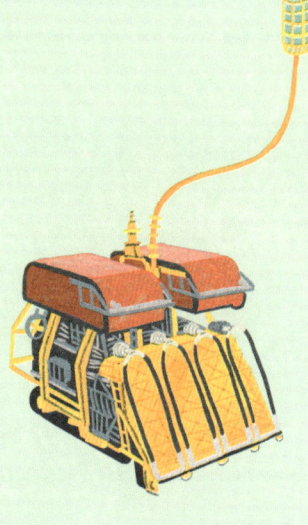

바닷속 보물을 찾아서!

왕국을 잘 부탁한다.

왜 그러느냐?

어마마마, 줄 건 주고 가셔야죠.

여기 있다.

감사합니다.

공주를 잘 부탁한다.

걱정하지 마세요. 잘 모시겠습니다.

잠시 후

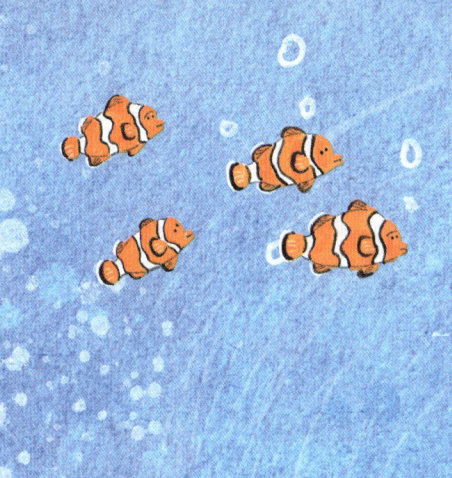

1장

바닷속
해저 지형

신비로운 바닷속 세상

　시커먼 파도가 사납게 출렁거렸어요. 도깨비 공주는 마른침을 꿀꺽 삼켰어요. 태어나서 처음 보는 바다였거든요.

　'바다는 짠물로 가득한 거대한 웅덩이라고만 들었는데, 진짜 크다.'

　5백 년 동안 산속 동굴에서 지낸 도깨비 공주에게 바다는 낯설고 두려웠어요. 파도가 철썩 부서지는 모습은 꼭 괴물이 입을 쩍 벌리고 덤비는 것 같았거든요.

　"혹시 무서우세요? 그만 돌아갈까요?"

　도깨비방망이가 히죽 웃으며 물었어요.

　도깨비 공주는 고개를 끄덕이고 싶었지만, 그렇다고 동굴 속 궁전으로 돌아가고 싶지는 않았어요.

며칠 뒤면 도깨비 공주의 즉위식이에요. 그날은 도깨비 왕족 학교에서 사귄 친구들이 모두 올 거예요. 친구들 앞에서 멋져 보이려면 보석이 잔뜩 박힌 왕관이 꼭 필요했어요.

"무섭지 않아! 그냥 조금 놀랐을 뿐이야. 보물을 찾으려면 저 바닷속으로 들어가야 하는 거지? 그런데 얼마나 깊이 들어가야 해?"

"꽤 멀어요. 우리가 사는 대한민국 육지보다 해양 영토가 4.4배나 넓거든요. 게다가 바닷속에도 육지처럼 산과 계곡, 평야가 있어요. 무엇

보다 멋진 건, 바닷속에는 인간이 거의 없다는 거예요. 심해, 그러니까 깊은 바다 밑바닥까지 내려간 인간은 얼마 없다고요."

도깨비방망이는 그렇게 말한 뒤, 으스스한 말투로 덧붙였어요.

"왜냐하면 심해는 우주만큼이나 환경이 험악하거든요. 잘못하면 목숨을 잃을 수도 있어요."

두려운 도깨비 공주는 못 들은 척 드레스를 내려다보며 물었어요.

"흠, 그런데 바다는 파랗잖아. 드레스에 파란 물이 들면 지워질까?"

"아이구, 공주님. 바닷물은 투명해요. 파랗게 보이는 건 빛 때문이에요. 햇빛은 일곱 빛깔 무지개색으로 이루어져 있는데, 색마다 파장이 다르거든요. 붉은색 빛은 파장이 길어 물에 금방 흡수되지만 파장이 짧은 파란색 빛은 천천히 흡수되어 바닷물을 통과해요. 그래서 바다가 파랗게 보이는 거예요. 물론 더 깊은 곳으로 내려가면 파란색 빛마저 모두 흡수돼 시커멓게 변한답니다."

도깨비방망이는 말을 마치고 도깨비 공주의 뿔을 눈짓으로 가리켰어요.

"바다에 꼭 들어가시려면 그 뿔을 한번 돌려 보세요."

도깨비 공주는 흠칫 놀랐어요. 왜냐하면 사람의 손때가 묻은 물건은 1백 년이 지나면 도깨

0m(수심)

스쿠버 다이빙 잠수 기록
317m

열대 산호초
0~60m

1,000m

흡혈오징어
1,600m

대왕오징어
2,197m

향유고래
2,500m

발광빨판문어
3,500m

2,000m

헬멧해파리
2,700m

3,000m

축구공고기
4,000m

4,000m

SS 리오 그란데호
5,762m

바다물벼룩
6,000m

5,000m

검은악마아귀
5,000m

드래곤피쉬
5,000미터

6,000m

자오룽호(중국)
7,062m

7,000m

프세우돌리파리스 암블리스토몹시스
7,700m

8,000m

아비소브로툴라 갈라테아이
8,372m

9,000m

10,000m

11,034m 마리아나 해구

바닷속 깊이 비교
(수심별 바다 생물)

비로 변하기 때문이지요. 가장 먼저 뿔이 돋고, 그다음 도깨비로 변하죠. 그래서인지 뿔은 손만 스쳐도 아팠어요. 어디 부딪치기라도 하면 밤새 끙끙 앓는답니다.

"혹시 숨 쉬는 것 때문이야? 너도 알잖아. 우리 도깨비는 인간처럼 꼭 숨 쉴 필요가 없다는 걸."

도깨비 공주가 머뭇거리며 묻자, 도깨비방망이는 손사래를 쳤어요.

"그게 아니에요. 바닷물에는 약 3.5%(퍼센트)나 되는 소금이 녹아 있

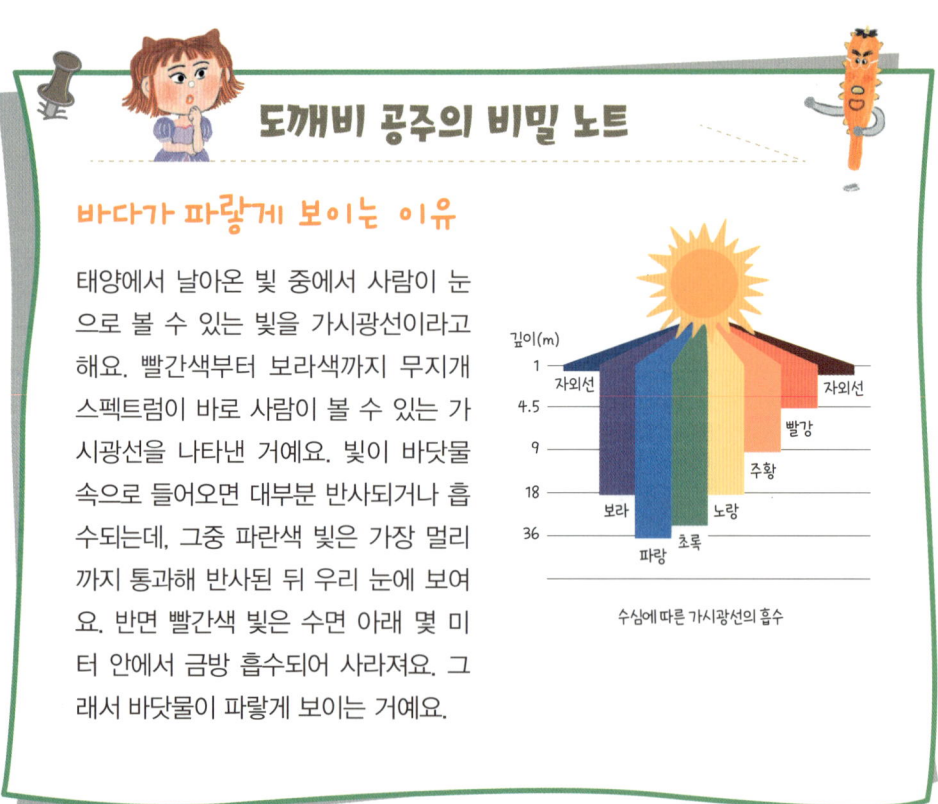

도깨비 공주의 비밀 노트

바다가 파랗게 보이는 이유

태양에서 날아온 빛 중에서 사람이 눈으로 볼 수 있는 빛을 가시광선이라고 해요. 빨간색부터 보라색까지 무지개 스펙트럼이 바로 사람이 볼 수 있는 가시광선을 나타낸 거예요. 빛이 바닷물 속으로 들어오면 대부분 반사되거나 흡수되는데, 그중 파란색 빛은 가장 멀리까지 통과해 반사된 뒤 우리 눈에 보여요. 반면 빨간색 빛은 수면 아래 몇 미터 안에서 금방 흡수되어 사라져요. 그래서 바닷물이 파랗게 보이는 거예요.

수심에 따른 가시광선의 흡수

어요. 그런데 그런 물을 벌컥벌컥 마셨다가는 아무리 도깨비라도 목숨을 잃을 수 있어요."

"그냥 네 신통력으로 보호막 같은 거 만들어 주면 안 돼?"

"그러다 제가 기절하면요? 그러면 보호막이 곧바로 사라질 거예요."

도깨비방망이는 어림없다는 표정을 지었어요.

도깨비 공주는 결국 뿔을 손에 쥐었어요. 눈물이 찔끔 날 만큼 아팠지만 꾹 참고 뿔을 돌렸어요.

"끄응차!"

한껏 힘을 주자 뿔이 돌아가더니, 딸깍 하고 맞춰지는 소리가 났어요. 곧 뿔에서 투명한 액체가 뿜어져 나왔어요.

"우웩! 이게 뭐야!"

도깨비 공주는 온몸을 뒤덮는 액체에 질겁했어요. 그런데 그것도 잠시, 도깨비방망이가 툭 하고 등을 떠밀었어요. 순간 집채만 한 파도가 눈앞으로 밀려왔어요.

"으아악!"

외마디 비명과 함께 도깨비 공주는 바닷속으로 끌려 들어갔어요.

"공주님, 눈 뜨세요."

불쑥 코앞에서 도깨비방망이의 목소리가 들려왔어요. 두 눈을 꼭 감은 채 바닷속으로 가라앉던 도깨비 공주는 살며시 한쪽 눈을 떴어요.

그러자 물안경을 쓴 도깨비방망이가 보였어요. 어찌나 태평한 얼굴인
지 순간 화가 치밀었죠.

"야, 깜짝 놀랐잖아!"

"빨리 다녀와서 즉위식을 준비해야죠. 시간이 없잖아요."

도깨비방망이가 어깨를 으쓱였어요.

도깨비 공주는 '맞는 말이다' 싶어 못 들은 척 고개를 돌리다가, 그만 탄성을 터뜨렸어요.

"우아! 예쁘다!"

바닷속에는 엄지손톱만 한 것부터 팔뚝만 한 것까지, 정말 다양한 물고기들이 헤엄치고 있었어요.

"공주님, 바다에는 다양한 생물이 살아요. 갯지렁이나 갑각류 같은 저서성 대형 무척추동물만 해도 엄청나요. 예를 들어, 대한민국 바다에는 1,915종이 살고 있는데, 유럽 바다에는 400여 종, 영국에는 530종, 튀르키예에는 685종, 북태평양에는 576종이 살아요."

도깨비방망이가 옆으로 다가와 말했어요.

도깨비 공주는 가만히 고개를 끄덕였어요. 어느새 온몸이 투명한 막으로 덮여 있었어요. 꼭 투명한 갑옷 같았어요.

"바다 수온은 깊이 들어갈수록 뚝뚝 떨어지거든요. 그 갑옷에는 온도 조절 기능도 있으니 도움이 될 거예요."

도깨비방망이가 갑옷을 훑어보며 말했어요.

도깨비 공주는 신기한 듯 자신의 팔을 살펴보다가 표면에 붙은 먼지 같은 것을 발견했어요. 사실 먼지보다 훨씬 작았지만, 도깨비의 시력은 사람보다 훨씬 좋아 어렴풋이 볼 수 있었어요.

"어머나, 죄다 이상하게 생겼네. 이게 대체 다 뭐지?"

도깨비 공주의 비밀 노트

바닷속 생산자, 플랑크톤

식물은 동물의 먹이가 되고, 작은 동물은 큰 동물의 먹이가 됩니다. 생물은 이렇게 먹이로 이루어진 관계를 맺으며 살아갑니다. 이것을 먹이 사슬이라고 부르는데, 물속 세상에도 먹이 사슬이 존재합니다. 그중 플랑크톤은 땅 위의 식물처럼 생산자에 속합니다. 식물성 플랑크톤은 현미경으로 봐야 할 만큼 아주 작고, 모양도 다양합니다. 또 땅 위 식물처럼 이산화탄소를 흡수하고 산소를 내보냅니다.

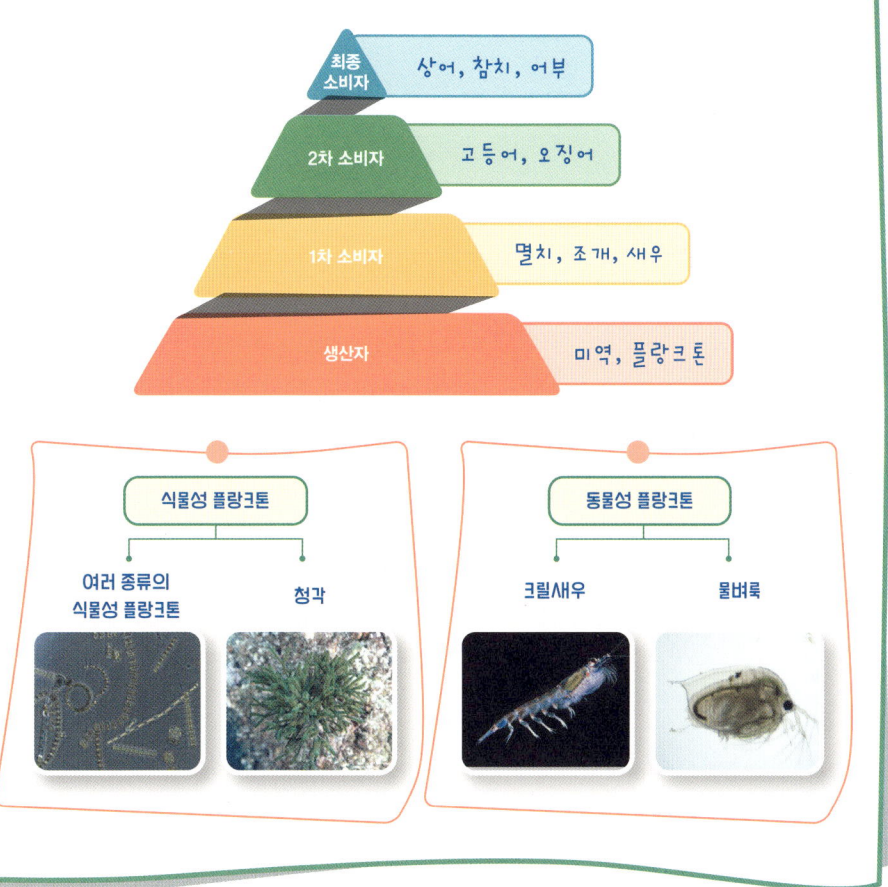

"공주님, 그건 식물성 플랑크톤이네요. 식물처럼 광합성을 하면서 살아가는데, 아마 갑옷에서 나는 냄새를 맡고 몰려든 것 같아요."

"큿큿, 무슨 냄새가 난다고 이러지?"

도깨비 공주가 빙긋 웃었어요.

그때 저 멀리 주머니 모양의 생물이 나풀거리며 떠다니는 게 보였어요. 그 생물은 반투명한 주머니 아래로 다리처럼 보이는 게 있었고, 물결에 따라 이리저리 움직였어요.

깜짝 놀란 도깨비 공주가 소리쳤어요.

"저거 괴물 같아!"

"공주님, 저건 동물성 플랑크톤의 한 종류인 해파리예요. 대한민국 바다에는 약 120종의 해파리가 살고 있어요."

"길이가 1m(미터)도 넘어 보이는데, 저것도 플랑크톤이라고?"

"네. 바닷물이나 바람의 힘을 거슬러 스스로 이동할 수 없는 생물을 통틀어 플랑크톤이라고 부르는 거예요."

도깨비방망이가 그렇게 말하는 순간, 작고 투명한 해파리가 코앞에 나타났어요. 도깨비 공주는 투명 장갑을 벗고 해파리를 슬쩍 어루만졌어요.

"앗! 따가워!"

순간 도깨비 공주의 손가락이 퉁퉁 부어올랐어요.

　도깨비방망이가 뚝딱 손가락을 튕겼어요. 그러자 해파리에게서 시큼한 냄새가 나는 액체가 흩뿌려지더니 독침이 쏙 빠져나왔어요.

　"해파리 중에는 독침을 쏘는 녀석들이 있어요. 그럴 땐 독침을 제거하고 냉찜질을 하면 낫지만, 지금 공주님이 만진 라스톤입방해파리는 식초를 뿌려야 독침이 잘 빠진답니다."

　"그런 건 빨리 말해 줘야지!"

숨겨진 위험, 이안류

도깨비 공주는 뾰로통한 얼굴로 척척 걸음을 옮겼어요. 한참 동안 부드러운 모래밭을 걸었어요. 조금 뒤 무성하게 자란 풀들이 나타났어요. 군데군데 놓인 암초 위에도 길고 긴 풀들이 빽빽하게 자라 물결에 맞춰 흐느적거렸어요.

"꼭 숲 같아."

도깨비 공주가 중얼거리자 도깨비방망이가 냉큼 옆으로 다가와 말했어요.

"딩동댕! 정답입니다. 발아래 있는 풀들은 해초류고, 저기 암초 위에 뿌리를 내린 건 해조류죠. 뭐, 해초류 중에도 가끔 암초에 붙어 사는 녀석들이 있긴 하지만 대부분은 그렇다 이겁니다. 이 둘을 통틀어 바다

숲이라고 부르죠."

"숲이라면 혹시 나무처럼 광합성을 해서 먹고 사는 거야?"

"네, 맞아요. 땅 위의 식물은 뿌리로 영양분을 흡수해 줄기를 통해 잎으로 보내죠. 반면 해조류는 몸 전체로 영양분을 흡수한다는 점이 다를 뿐이에요."

"그렇다면 진짜 숲이네. 하긴 새끼 물고기들이 오가는 걸 보니, 나무 위의 새 둥지를 보는 것 같아."

해조류의 종류와 분포도

파래

청각

매생이

수심 5m
(녹조류)

모자반

톳

미역

다시마

수심 15m
(갈조류)

김

우뭇가사리

꼬시래기

수심 25m
(홍조류)

해조류는 엽록소를 이용해 광합성을 해서 먹고 사는데, 수심이 깊어질수록 빛이 부족해져 갈조소, 홍조소 같은 보조 색소도 이용해요.

도깨비 공주는 그렇게 중얼거리더니, 태연한 얼굴로 서 있는 도깨비 방망이를 쏘아보았어요.

　"자꾸 말 걸지 말아 줄래? 아까 일로 아직 화났거든!"

　"네, 공주마마."

　도깨비방망이가 정중하게 허리를 숙여 절하더니 뒤로 물러섰어요.

　"대답도 하지 말라고!"

　심통이 난 도깨비 공주는 툴툴대며 앞서 걸었어요.

　도깨비 공주는 물살에 흔들리는 해초들이 신기했어요. 처음에는 부

드러운 풀이 발목을 스치고 지나가는 게 좋았지만 시간이 지날수록 점점 힘들어졌어요. 암초를 오르락내리락하는 것도 꽤 벅찼어요.

"어휴, 이렇게 걸어서 언제 심해까지 간담."

지친 도깨비 공주는 잠시 쉴 곳을 찾아 두리번거렸어요. 그러다 암초와 암초 사이의 너른 모래밭을 발견했어요. 풀들이 다른 곳과 달리 반대 방향으로 누워 있는 모습이 우스웠지만, 앉기에도 눕기에도 아주 편해 보였어요.

"잘됐다!"

도깨비 공주는 성큼 발을 내딛었어요. 그런데 뭔가 이상했어요. 부드럽게 스치던 바닷물이 갑자기 거세지더니, 흐르는 방향마저 반대로 바뀐 거예요.

"헉! 이게 뭐야? 왜 이러지?"

도깨비 공주는 허둥대며 근처에 있는 해초를 붙잡았어요. 그러자마자 몸이 둥실 떠올랐어요.

"이안류입니다. 육지에서 바다 쪽으로 빠르게 흘러가는 역파도를 말해요. 1초당 2m 속도로 흐르고, 폭은 30m, 길이는 200m나 되죠. 수영을 잘하는 사람도 한번 휩쓸리면 빠져나오기 어려워요."

도깨비방망이의 태평스러운 목소리가 들려왔어요.

도깨비 공주는 깜짝 놀라며 소리쳤지요.

"너, 알고서도 모른 척한 거야?"

"말 걸지 말라고 명하셨잖아요."

도깨비방망이가 두 눈을 깜빡이며 말했어요. 도깨비 공주는 약이 올랐지만 꾹 참고 외쳤어요.

"그 명령은 취소야. 당장 날 구해 줘!"

그러는 사이, 이안류를 타고 수만 마리의 해파리 떼가 몰려오기 시작했어요. 그중 길고 긴 촉수를 수십 개나 단 해파리가 코앞까지 다가왔어요. 생김새도, 풍기는 분위기도 심상치 않았죠.

"상자해파리네요. 쏘이면 목숨을 잃을 만큼 아주 무서운 맹독 해파리죠. 바다에서 좀처럼 보기 힘든데 이렇게 나타나다니. 행운일까요? 불행일까요?"

도깨비방망이는 그렇게 말하고는 히죽 웃었어요.

너무 놀란 도깨비 공주는 해초를 붙잡고 있던 손을 놓쳐 버렸어요. 그러자 무시무시한 속도로 몸이 뒤로 쑤욱 빨려 나갔어요. 도깨비 공주는 너무 무서워 소리치고 말았어요.

"도깨비 살려!"

도깨비 공주의 비밀 노트

바닷속에 사는 다양한 해파리

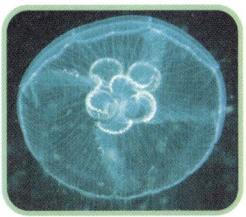

© 국립수산과학원

보름달물해파리

특징 몸이 접시처럼 편평한 형태예요. 크기는 약 10cm 정도예요. 촉수는 짧고 가늘어서 잘 보이지 않아요. 우리 나라에서 가장 흔하게 볼 수 있는 해파리예요.

© 국립수산과학원

커튼원양해파리

특징 머리 부분은 연한 갈색이고 갈색의 줄무늬가 있어 요. 크기는 10~30cm예요. 갈색의 촉수가 우산 가장자 리에서 길게 나와 있어요. 남해안에서 볼 수 있어요.

© 국립수산과학원

야광원양해파리

특징 몸길이는 약 10cm 정도로, 비교적 작은 해파리예 요. 머리 위에는 울퉁불퉁한 자포낭이 있으며, 분홍색이 나 노란색 등 다양한 색을 띠어요. 머리 가장자리에는 8 개의 촉수가 나와 있어요. 이 촉수 표면에는 독성이 있 어요. 제주도와 남해안에서 볼 수 있어요.

© 국립수산과학원

노무라입깃해파리

특징 머리 부분은 연한 갈색을 띠며 단단한 편이에요. 몸길이는 최대 2m, 무게는 150kg에 달해요. 다리 부분 에는 검붉은 촉수가 많이 붙어 있어 위협적인 인상을 주 지요. 우리나라 바닷가에서 흔히 볼 수 있어요.

우리나라 바다는 어디까지일까?

우리나라는 서해, 남해, 동해로, 삼면이 바다로 둘러싸여 있습니다. 그렇다면 우리나라 바다는 어디까지일까요? 이를 알기 위해서는 두 가지 용어를 알아야 해요. 바로 영해와 배타적 경제 수역(EEZ)이에요.

먼저 영해는 국가의 주권이 미치는 범위의 수역을 말해요. 우리는 기선으로부터 12해리(약 22.22km, 1해리는 약 1,852m)를 영해로 적용합니다. 다만 대한 해협은 일본과 인접해 있는 관계로 3해리를 적용해요.

다음으로 배타적 경제 수역은 각 국가가 자원에 대해 배타적인 권리를 가지는 수역을 말해요. 이때 기선으로부터 200해리(약 370km) 이내의 바다를 말해요. 이 구역에서는 모든 선박이 자유롭게 항해할 수 있지만 수산 자원이나 해저 자원에 대한 권리는 해당 국가에 있어요.

여기서 중요한 개념이 하나 더 있는데, 바로 기선이에요. 기선은 해양 영토의 범위를 결정하는 가상의 선이에요. 동해안과 제주도, 울릉도, 독도 등은 통상 기선(바다와 맞닿은 땅의 썰물 때 해안선)을 기준으로 삼고, 섬이 많아 해안선이 복잡한 서해안과 남해안은 직선 기선(가장 바깥쪽 섬들을 연결한 직선)을 기준으로 정해요.

깜짝 지식!

두 나라의 배타적 경제 수역이 겹치는 경우

두 나라 사이의 거리가 가까워 배타적 경제 수역이 겹칠 때에는 양국이 협정을 맺어 배타적 경제 수역을 정해요. 우리나라와 일본은 배타적 경제 수역을 정하지 못해서 어업 활동과 관련된 수역을 설정하여 조업하고 있어요.

해저 지형에 한국 이름을 붙이는 것이 중요할까?

태평양을 비롯한 넓은 바닷속에는 아직 이름이 없는 해저 지형이 많아요. 그래서 먼저 그곳을 탐사한 나라나 연구자가 이름을 정한 뒤 국제 해저지명소위원회에 제출하면 정식 이름으로 인정받을 수 있답니다.

태평양 바닷속 지형 가운데 한국 이름이 붙은 곳이 있다며?

맞아요. 2009년, 한국은 해양 광물 자원을 개발하는 과정에서 북마리아나 제도와 마셜 제도 사이에 있는 해산 4곳을 발견해 한국 이름이 붙였어요. 장보고 해산, 백두 평정해산, 온누리 평정해산, 아리랑 평정해산이에요.

거긴 한국 땅도 아닌데 왜 이름을 붙이는 거야? 그렇게 하면 뭐가 좋은데?

해양 탐사를 하면서 발견한 지형에 이름을 붙이면 국제적으로 한국의 탐사 성과를 알릴 수 있어요. 또, 이름을 먼저 등록해 두면 나중에 다른 나라가 마음대로 이름 붙이는 것을 막을 수도 있고요. 해양 과학 기술력도 인정받을 수 있죠.

아, 그럼 일종의 과학 외교라고 할 수 있겠네. 그런데 일본은 왜 울릉분지를 쓰시마분지라고 부르는 거야?

일본은 자신들의 관점에서 지명을 붙이는 경우가 많아요. 특히 주변 해역에서 영향력을 강조하려는 의도도 있죠. 그래서 한국은 울릉분지라고 부르지만 일본은 쓰시마분지라고 부르지요.

* 해저 지형에 한글 이름을 꼭 붙일 필요가 있을까요? 만약 한글 이름을 붙인다면 어떤 점이 좋을까요? 친구들과 함께 이야기를 나눠 보세요.

미로 찾기

도깨비 공주가 독이 있는 해파리를 피해 도망칠 수 있도록 도와주세요.

출발 ▶

▶ 도착

정답은 138쪽에 있습니다.

2장

도깨비 공주는 용감해!

바닷속 고속도로, 해류

세찬 물살이 도깨비 공주의 몸을 휘감더니, 순식간에 먼바다로 휙 끌고 갔어요. 눈앞이 빙빙 돌 정도로 빨랐지요. 다행히 얼마 지나지 않아 물살이 점차 느려지면서 허공에 떠 있던 몸이 서서히 가라앉았어요.

"후유, 죽는 줄 알았네."

도깨비 공주는 안도의 한숨을 내쉬다가 깜짝 놀랐어요.

불과 100m쯤 떨어진 곳에 어마어마한 물고기 떼가 한데 모여 유유히 헤엄치고 있었거든요. 바닥에도 물고기들이 빽빽이 깔려 있었어요.

그때 어디선가 목소리가 들려왔어요.

"같은 방향으로 흐르는 바닷물의 흐름을 해류라고 부르죠. 온도에 따라 난류와 한류로 나뉘는데, 이 둘이 만나는 곳이 바로 물고기 천국

이에요."

도깨비방망이가 아무 일 없었다는 듯 옆에 뿅 하고 나타났어요.

"어쩐지 뭔가 다르다 했어. 이곳에 별장 같은 걸 지으면 좋겠는걸. 매일 화려한 물고기 쇼를 볼 수 있잖아."

도깨비 공주는 신기해하며 대답하려다, 퍼뜩 아까 일을 떠올리고는 눈살을 확 구겼어요.

"야! 너, 아까 그게 뭐야? 무시무시한 독성 해파리가 나타났는데 신나 하다니!"

"보기 힘들다고 알려진 걸 직접 봤으니 당연히 신나죠. 그리고 뭐가 걱정이에요? 쏘여도 뚝딱! 제가 바로 고쳐 드릴 텐데요."

도깨비방망이가 해맑게 웃으며 말했어요.

도깨비 공주는 못마땅했지만 보물을 찾는 게 더 중요해 억지로 웃음을 지었어요.

"그것 참 안심이네! 근데 이러고 계속 걷기만 할 순 없잖아! 그냥 축지법 같은 거 쓰면 안 돼? 너 그런 신통력 잘 부리잖아."

"가능하긴 하죠. 하지만 이곳은 동해난류가 흐르는 곳이라 한 시간에 1.6km(킬로미터)의 속도로 물이 흘러요. 잘못 쓰다간 엉뚱한 곳으로 떠밀려 갈 위험이 크다고요."

도깨비방망이의 말에 도깨비 공주는 어리둥절한 표정을 지었어요.

"흘러간다니? 강은 바다로 흘러가지만 바닷물은 어디로 가는 거야?"

"그냥 한 바퀴 도는 거예요. 고등어, 다랑어, 멸치, 연어 같은 물고기들이 이런 해류를 타고 수천 킬로미터를 이동하죠."

"뭐야! 그러면 해류에 몸을 맡기면 힘 하나도 안 들이고 지구 한 바퀴를 돌 수 있겠네?"

도깨비 공주가 환하게 웃자, 도깨비방망이는 손사래를 쳤어요.

도깨비 공주의 비밀 노트

우리나라 바다의 난류와 한류

난류와 한류가 만나는 곳에는 왜 물고기들이 몰려들까요? 한류는 영양분이 풍부한 대신 수온이 낮아 플랑크톤이 자라기가 어렵습니다. 반면 난류는 영양분이 부족하지만 수온이 높아 플랑크톤이 잘 자라요. 이런 두 해류가 만나면 물고기들이 살기 좋은 곳이 된답니다.

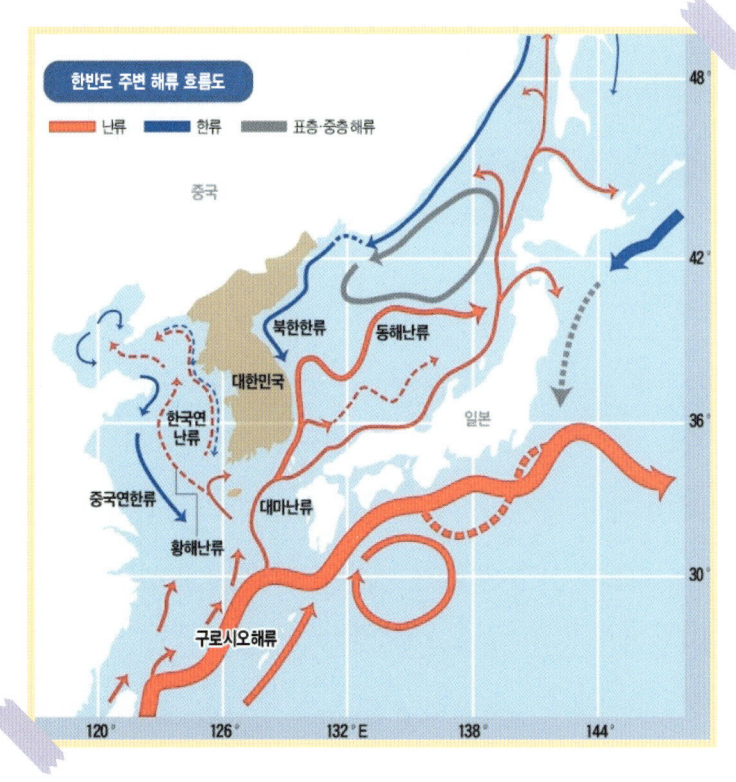

"아이고, 그랬다간 무시무시한 일을 겪게 되실걸요? 바다에는 표면만 도는 해류만 있는 게 아니거든요. 북극과 남극에서 시작되는 심층 해류도 있답니다. 이 심층 해류는 수심 5,000m쯤 되는 빛 한 줌 들어오지 않는 어두컴컴한 바닷속을 움직인대요."

도깨비방망이는 잠시 뜸을 들이다가 생각난 듯 덧붙였어요.

"게다가 심층 해수는 아주 차갑죠. 평균 기온이 겨우 2도라니까요."

도깨비 공주는 마른침을 꿀꺽 삼켰어요. 깊은 땅속이나 동굴 속 어둠은 익숙했지만, 바닷속 어둠은 왠지 다른 느낌이었어요.

"그러니 바로 옆에 누가 다가와도 모를걸요? 추우면 감각이 둔해지니까요."

도깨비방망이는 으스스한 목소리로 겁을 줬어요.

도깨비 공주는 소름이 쫙 돋았지만, 아닌 척 주먹을 꽉 쥐고 용감하게 외쳤어요.

"그리로 안 가면 되잖아! 표층 해류만 잘 따라가면 되는 거 아냐?"

"공주님, 표층과 심층은 서로 이어져 있어요. 빙하가 얼면 소금 농도가 높아진 무거운 물이 심해로 가라앉고, 그 거대한 해류가 적도를 향해 천천히 흘러가요. 그러다 따뜻한 물을 만나면 서서히 위로 올라오는데, 이 순환이 무려 2천 년에서 3천 년이나 걸린다고요!"

도깨비 공주는 도깨비방망이의 말을 들으며 잠시 상상을 했어요. 곧 온몸을 감싸는 차가운 기운 속에서 끝없이 저벅저벅 걸어가는 모습이 떠올랐지요. 그 순간 등줄기에 소름이 쫙 돋았어요.

"자, 그러니까 바다 구경은 이제 그만두고 궁으로 돌아가시죠."

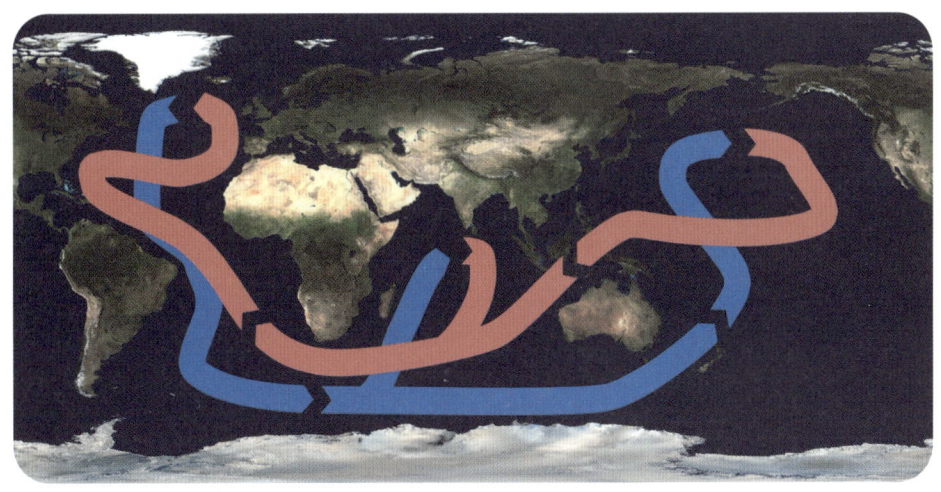

▲ 표층 해류와 심층 해류는 위아래로 움직이며 섞인다. 이것을 열염순환이라고 부른다.

도깨비방망이가 물안경을 벗으려는 듯 몸을 흔들며 말했어요.

도깨비 공주는 입을 삐죽 내밀며 대답했어요.

"싫어!"

"공주님, 초대 여왕님은 아주 검소한 분이셨대요. 그러니 그 보물이 꼭 보석일 필요는 없겠지요."

도깨비방망이가 잔뜩 풀이 죽은 얼굴로 말했어요.

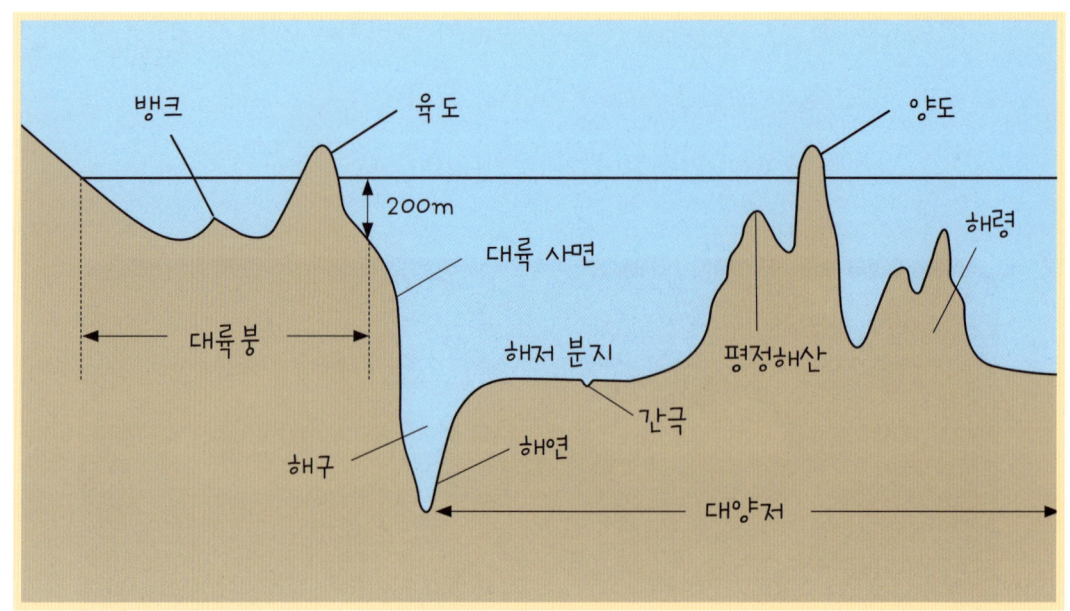

▲ 해저 지형의 구분

도깨비 공주는 팔짱을 끼고는 고개를 홱 돌렸어요.

"도깨비는 보석을 좋아해. 그건 타고난 거라고!"

"네, 네. 알겠어요. 그렇다면 출발해요. 그런데……."

도깨비방망이가 앞을 가리키며 말을 이었어요.

"저쪽으로 가야 하는데, 괜찮으시겠어요?"

도깨비 공주는 시선을 돌려 그곳을 보고는 눈을 부릅떴어요.

끝도 없이 이어질 것 같던 평원이 사라지고, 왠지 모를 으스스한 기운이 감돌고 있었거든요.

"우리가 서 있는 곳은 대륙붕이에요. 서해는 평균 수심이 약 40m, 남해는 약 100m쯤 되지만, 동해는 저기 보이는 급경사 아래부터가 진짜 깊은 곳이지요. 평균 수심이 약 1,700m나 되는 해저 분지, 흔히 해분이라고 부르는데, 다양한 어종이 살기에 아주 좋은 지형이랍니다."

도깨비방망이가 조곤조곤 설명했어요. 도깨비 공주는 생각지도 못한 깊은 수심에 살짝 겁이 났지만, 아닌 척 늠름하게 말했어요.

"미끄럼틀이라 생각하고 내려가면 되겠네. 그 정도쯤이야. 더 깊은

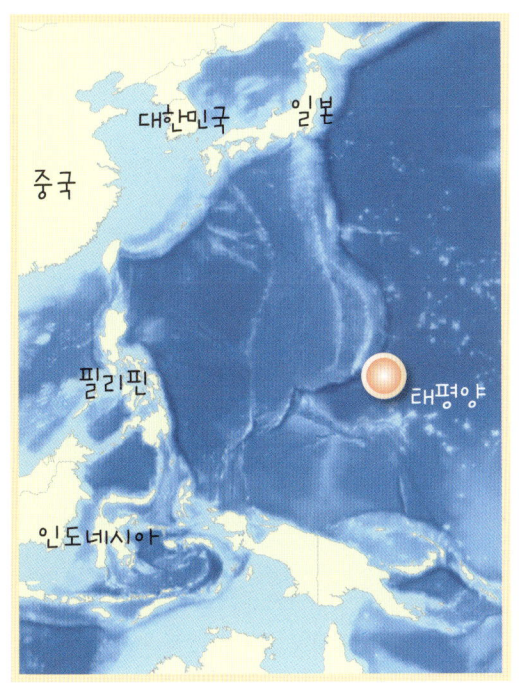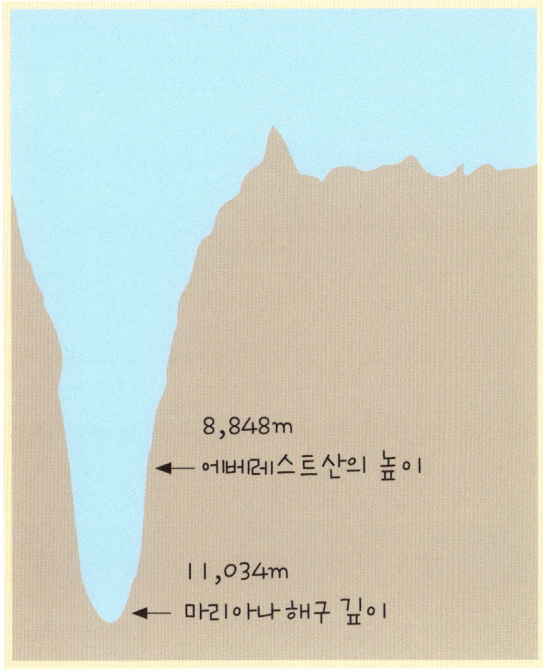

▲ 마리아나 해구 위치(왼쪽), 마리아나 해구 단면(오른쪽)

곳도 난 문제없다고!"

그러자 도깨비방망이가 깔깔 웃음을 터뜨렸어요.

"그렇다면 동해난류를 타고 쭉 가서, 구로시오해류를 타고 내려가 봅시다. 마리아나 해구라고, 평균 수심이 7,000m에 달하는 세계에서 가장 깊은 바다가 있거든요. 그중에서도 가장 깊은 곳은 무려 11,034m나 된답니다."

"1만 뭐라고? 그렇게 깊은 곳이 있다고?"

도깨비 공주는 깜짝 놀라 자리에서 펄쩍 뛰었어요. 그 깊이가 히말라야산맥보다 더 깊다는 거예요. 생각만 해도 소름이 쫙 돋았어요.

"보물찾기가 쉬웠다면 이전 여왕님들이 벌써 찾으러 가셨겠죠."

도깨비방망이가 놀리듯 웃으며 말했어요.

도깨비 공주는 애써 환하게 웃으며 대답했어요.

"그게 아니고, 나만큼 용감한 도깨비가 없었던 거야. 히말라야 꼭대기는 산소가 부족해서 꽃도 동물도 거의 없다고. 그러니 수심 10,000m도 비슷할 거야. 정말 외로울 거야."

"글쎄요. 제가 인간들의 방송을 가끔 보는데, 심해는 완전히 다른 세계 같더라고요. 신비한 생명체가 잔뜩 사는 것 같기도 하고요."

도깨비방망이는 고개를 이리저리 갸웃거리다가, 기억난 듯 말했어요.

"심지어 마리아나 해구에 발을 들인 인간은 지금까지 겨우 4명밖에 없어요."

"그 깊은 바다에 인간들이 간 적이 있다고!"

도깨비 공주는 도무지 믿기지 않는다는 듯 크게 외쳤어요.

도깨비방망이가 어깨를 으쓱이며 대답했어요.

"인간들은 이미 1872년부터 심해 탐사를 시작했어요. 멋진 돛이 달린 챌린저호라는 범선이었는데, 증기 엔진으로 움직였죠."

도깨비 공주의 비밀 노트

해양학을 탄생시킨 챌린저호

▲ 챌린저호

범선 챌린저호는 1872년 탐사를 시작해 1875년 3월, 세계에서 가장 깊은 바다인 마리아나 해구를 발견했어요. 당시 선원들은 수심 8,000m라는 기록을 보고 도무지 믿을 수가 없었어요. 그래서 몇 번이고 깊이를 다시 재 보았대요. 이 놀라운 발견을 기념하기 위해 마리아나 해구에서 가장 깊은 곳에는 챌린저라는 이름이 붙었어요.

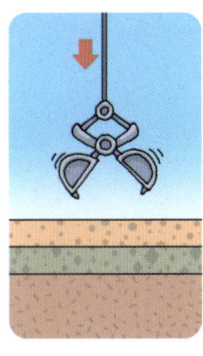
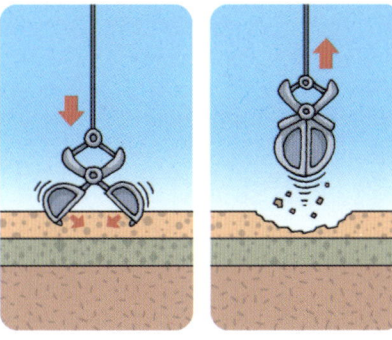

▲ 그랩 채니기의 원리   © 국립해양과학기술원

챌린저호는 심해 탐사를 위해 바다 맡바닥을 훑는 저인망이라는 그물을 개발했어요. 이 그물을 이용해 무려 4,000종이 넘는 심해 생물을 발견했지요. 지금도 여전히 쓰이고 있답니다.

챌린저호는 바닷속 흙과 침전물을 채취하기 위해 '채니기'라는 도구를 개발했어요. 지금은 모양이 달라졌지만, 원리는 예전과 똑같지요. 이 도구 덕분에 바다 밑바닥에 망간단괴라는 금속이 잔뜩 깔려 있다는 사실을 알게 되었답니다.

머리 위의 코끼리, 수압

도깨비 공주는 충격에 빠졌어요.

"그렇게 오래전에? 거짓말!"

"물론 그때는 인간이 직접 바닷속으로 내려간 건 아니에요. 하지만 무려 수심 8,000m 아래까지 그물을 던져 바다 밑바닥의 침전물을 끌어올리고, 4,000종이 넘는 심해 생물도 잡았답니다. 이때 망간단괴도 발견했어요."

도깨비방망이의 말에 도깨비 공주는 왠지 우울해졌어요.

"우리가 인간을 피해 점점 더 깊은 산속 동굴로 숨어들 때, 인간들은 이미 바닷속 깊은 곳을 들여다보고 있었구나."

"에이, 뭘 속상해하세요. 도깨비족은 원래 인간들이 애지중지하던 물건이 변해서 태어난 존재잖아요. 인간들이 이리저리 설치고 다닐 수록 그런 물건들이 더 많아지는 거라고요."

도깨비방망이가 호들갑스럽게 말했어요.

도깨비 공주는 맞는 말 같았지만 그래도 인간에게 뒤쳐졌다는 분함은 쉽게 가시지 않았어요.

"좋아. 챌린저 해연부터 가 보자."

"그 깊은 곳부터요?"

도깨비방망이가 떨떠름해하자, 도깨비 공주는 콧방귀를 뀌었어요.

"왜, 겁나?"

도깨비 공주의 비밀 노트

잠수병이란 무엇일까?

잠수병이란 콜라 캔을 따면 요란한 소리와 함께 기포가 올라오는 것과 비슷해요. 우리가 숨 쉬는 공기의 70%는 질소예요. 질소는 우리 몸속에 녹아 있다가 숨을 내쉴 때 빠져나가요. 그런데 물속 깊이 들어가

▼ 감압실

면 수압 때문에 더 많은 질소가 몸속으로 스며들어요. 만약 수면 위로 너무 빨리 올라오면 수압이 약해지면서 질소가 기포로 변해 피 속을 떠다녀요. 이 기포가 혈관을 막으면 생명이 위험해질 수도 있어요. 이런 상태를 잠수병이라고 해요. 잠수병에 걸리면 반드시 감압실에서 치료를 받아야 해요.

"그럴 리가요. 거기라면 축지법으로 다녀와도 돼요. 이 해류의 끝이라 그냥 휙 가면 되거든요."

도깨비방망이가 마지못한 얼굴로 손가락을 튕겼어요.

뚝딱!

순간 주변 풍경이 흐릿해지더니 금세 사방이 어두컴컴해졌어요. 도깨비 공주는 눈을 크게 부릅떴지요. 기분 탓인지 거대한 바위틈에 낀 듯 온몸이 짓눌리는 것 같았어요. 잠시 뒤, 한 줄기 빛도 없는 새까만 어둠 속에서 머리 위에 작은 등불을 단 물고기 한 마리가 다가왔어요.

"우아! 신기해!"

그때 도깨비방망이가 다시 손가락을 튕기자, 어둠이 걷히며 눈앞에 화려한 물고기 떼가 나타났어요.

"깊이 들어와서 그런가? 뭔가 몸을 짓누르는 것 같지 않아?"

도깨비 공주의 말에 도깨비방망이가 큰 소리로 말했어요.

"공주님, 수압 때문에 조금 전 우리 둘 다 납작해질 뻔했다고요!"

"수압이 뭐야?"

도깨비 공주는 고개를 갸웃거렸어요.

"정확히는 몰라요. 다만 바닷속에는 수압이 있다고만 들었거든요."

도깨비방망이는 그렇게 말하더니 손뼉을 짝 치고 두 손을 활짝 벌렸어요. 순간 도깨비방망이 손바닥에서 글이 빼곡히 적힌 두루마리가 휙

하고 튀어나왔어요. 도깨비방망이는 궁금한 일이 생길 때마다 신통력으로 이런 두루마리를 꺼내 답을 확인하고는 했지요. 이번에도 마찬가지였어요.

"수압이란 물이 내리누르는 압력이에요. 압력은 공기를 내리누르는 힘을 뜻하는데, 육지에서는 1cm²(제곱센티미터)에 1kg(킬로그램)의 힘이 실리는 것을 1기압이라고 하죠. 우리는 모두 1기압 속에서 살고 있어요. 그런데 물속에서는 10m 깊이마다 1기압씩 높아져요. 그러니까 조금 전 다녀온 수심 8,000m에서는 약 800기압이 우리를 누르고 있었던 거죠."

도깨비 공주는 깜짝 놀라 말했어요.

"에이, 거짓말! 네 말대로라면 코끼리 열 마리가 한꺼번에 날 짓누른 셈이잖아. 그랬다면 아까 본 물고기들은 벌써 펑 하고 터져 버렸을걸?"

도깨비방망이가 어이없단 얼굴로 말했어요.

"공주님, 물이 가득 찬 풍선은 심해에서도 끄떡없어요. 터지는 건 공기가 가득한 풍선뿐이죠. 마찬가지로 심해에 사는 물고기들도 부레에 공기 대신 오일을 채운답니다. 아예 부레가 없는 물고기들도 많고요."

도깨비 공주는 별일 아니라는 듯 말했어요.

"그럼 나도 그렇게 하지 뭐. 네 신통술로 내 위장에 물을 채우는 건 쉽잖아."

도깨비 공주의 비밀 노트

기압이란 무엇일까?

육지에 사는 생물은 모두 1기압을 받고 있어요. 1기압은 수은 기둥 76cm의 무게와 같아요. 이 사실은 이탈리아의 과학자 토리첼리가 실험을 통해 증명했지요. 그 과정에서 진공을 발견했고, 수은 기둥을 기울여도 기압은 균형을 이룬다는 원리를 이용해 기압계를 발명했어요.

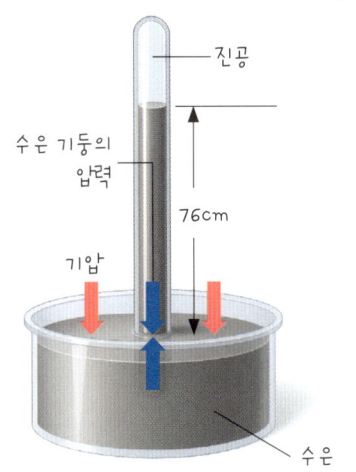

진공

수은 기둥의 압력

76cm

기압

수은

▲ 토리첼리의 실험

우리가 기압을 느끼지 못하는 이유는 기압이 단순히 위에서만 내리누르는 힘이 아니라 몸의 표면 전체에 고르게 작용하는 수평적인 힘이기 때문이에요.

심해에 살던 물고기가 육지로 올라오면 기압 차이 때문에 부레가 불룩 튀어나와요.

"아무리 인간처럼 숨을 쉬지 않는다고 해도, 도깨비 몸속 장기에도 빈틈이 많아요. 그렇게 깊은 곳까지 내려가면 내장이 몽땅 쪼그라들 거라고요. 뼈도 산산이 부서지고 말 거예요."

도깨비방망이가 눈을 크게 뜨며 소리를 질렀어요.

깜짝 놀란 도깨비 공주가 물었어요.

"뼈까지? 그러면 아까 그 물고기는 뼈에도 물이 차 있는 거야?"

"아니요. 육지 생물 대부분은 인산칼슘으로 된 단단한 뼈를 가지고 있지만 심해에 사는 물고기들은 주로 연골로 된 뼈를 갖고 있어요. 그래서 인간이 바다 깊숙이 내려가는 건 쉽지 않아요."

"그럼 혹시 심해로 내려갔던 인간들은 모두 죽었어? 네 말대로라면 인간은 아예 발을 들이면 안 될 것 같은데?"

"에이, 영악한 인간들이 그럴 리가요. 스쿠버 다이빙으로 30m 아래까지 내려갈 때는 산소통에 질소 대신 헬륨을 채우기도 하고, 아예 바닷속에 기지를 만들어 몸을 수압에 적응시키기도 해요. 최근에는 수압에도 끄떡없는 심해 잠수정을 만들어 더 깊은 곳까지 내려가더라고요. 일반 잠수정과는 달리 티타늄 합금으로 아주 튼튼하게 만들고, 물살을 견디기 좋은 모양으로 설계했더라고요."

도깨비방망이는 그렇게 말하더니 허공에 동그라미와 모서리가 둥근 직사각형을 그렸어요.

"수압에 가장 강한 건 구형이고, 그다음이 원통형, 그러니까 실린더 형이에요. 심해 탐사용 잠수정은 대부분 이 두 가지 형태로 만들죠. 모양만 봐도 어느 정도 깊이까지 내려갈 수 있는지 짐작할 수 있어요."

도깨비 공주는 두 손을 모으며 눈을 반짝였어요.

"그렇다면 우리도 심해 잠수정을 타고 보물 찾으러 가자!"

세계 각국의 심해 유인 잠수정

앨빈호(미국)

개발 연도: 1964년

잠수 깊이: 4,500m

주요 활동: 심해에 침몰한 타이태닉호를 발견했다. 여러 차례 업그레이드를 거쳐, 2022년에는 수심 6,500m까지 운용할 수 있다는 인증을 받았다.

노틸호(프랑스)

개발 연도: 1984년

잠수 깊이: 6,000m

주요 활동: 1800번 이상 잠수하며 심해 광물과 심해 생태계를 조사했다.

미르1·2호(러시아)

개발 연도: 1987년

잠수 깊이: 6,000m

주요 활동: 북극해 해저 4,261m 지점에 러시아 국기를 꽂는 탐사를 했다.

신카이 6500호(일본)

개발 연도: 1989년

잠수 깊이: 6,500m

주요 활동: 1300번 이상 잠수하며 지진 감시 및 지구 내부 움직임을 관측했다.

딥시 챌린저호(미국)

개발 연도: 2012년

잠수 깊이: 10,908mm

주요 활동: 영화감독 제임스 캐머런이 2004년부터 영화 <아바타 2> 구상을 위해 개발한 1인승 심해 잠수정으로, 마리아나 해구까지 내려갔다.

© 롤렉스(ROLEX)

© 한중해양과학공동연구센터

자오룽호(중국)

개발 연도: 2010년

잠수 깊이: 7,062mm

주요 활동: 전 세계 과학용 심해 유인 잠수정 중 가장 깊은 곳까지 내려갔다. 심해 지형을 분석하고, 다양한 광물 자원을 연구했다.

깜짝 지식!

심해 탐사는 우주 탐사와 더불어 인간에게 또 다른 도전의 영역이에요. 우리나라도 2016년부터 심해 유인 잠수정 개발을 추진하고 있지만, 첨단 기술이 필요한 만큼 쉽지 않은 과제랍니다. 수심 6,000m의 심해에서는 수압이 무려 대기압의 600배에 달해요. 이는 손톱만 한 면적 위에 소형차 한 대가 놓여 있는 것과 같은 압력이 잠수정에 가해지는 셈이지요. 이처럼 극한 환경을 버텨야 하기에 개발은 더디게 진행되고 있어요.

무인 잠수정 개발은 필요할까?

▲ 해미래   ⓒ 한국해양과학기술원

한국에서도 개발한 무인 잠수정이 있어?

2006년에 개발된 해미래가 있어요. 설계부터 소프트웨어까지 순수 우리 기술로 만든 무인 잠수정이에요. 세계에서 네 번째로 만들어졌고, 수심 6,000m에서도 작업이 가능해요.

와, 대단하네! 해미레는 무슨 일을 해?

심해 탐사를 해요.

심해 탐사라면 바닷속을 탐험하는 거야? 달에 인간이 갔던 것처럼 말이야? 그런데 인간들은 바닷속 탐험을 무서워하지 않을까?

그래서 한국을 비롯한 여러 나라가 무인 잠수정 개발에 힘쓰고 있어요. 사람을 보내는 것보다 훨씬 안전하게 탐사할 수 있기 때문이지요. 게다가 기술 발전 덕분에 무인 장비도 점점 더 정교해지고 있어요.

* 우주처럼 바닷속도 아직 밝혀지지 않은 비밀이 많은 미지의 세계예요. 이런 바닷속을 탐사하기 위해 무인 잠수정을 꼭 개발해야 할까요? 왜냐하면 개발 비용이 만만치 않고 깊은 바닷속은 위험하기도 하거든요. 무인 잠수정 개발에 대한 여러분의 생각은 어떤가요? 친구들과 함께 이야기를 나눠 보세요.

초성 퀴즈

초성 글자를 보고 낱말을 맞혀 보세요.

❶ 대륙붕에서 해구로 이어지는 가파른 절벽은?

ㄷ	ㄹ	ㅅ	ㅁ

정답:

힌트: 중간에 '경'자를 넣어 생각해 보세요.

❷ 1875년 마리아나 해구를 발견한 배의 이름은?

ㅊ	ㄹ	ㅈ	ㅎ

정답:

힌트: 최초로 심해를 탐사했어요.

3장

심해 속으로

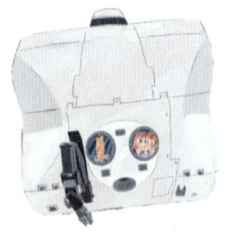

바다에 내리는 눈

도깨비방망이는 마뜩잖은 얼굴로 손가락을 튕겼어요.

"심해 잠수정, 나와라, 뚝딱!"

순식간에 커다란 잠수정이 나타났어요. 아래쪽에는 눈처럼 생긴 유리창 두 개가 달려 있어 바깥을 내다볼 수 있었어요.

"와, 멋지다! 마음에 쏙 들어!"

도깨비 공주가 손뼉을 치며 좋아하자, 도깨비방망이가 걱정스러운 얼굴로 말했어요.

"11,000m까지 다녀온 최신 잠수정이긴 하지만, 100% 안전하다고 할 수는 없어요. 최근에도 심해 관광을 나섰던 잠수정이 내파 사고를 당해서 탑승자들이 모두 목숨을 잃은 적이 있거든요."

"내파가 뭐야?"

"바닷속에서는 수압 때문에 잠수정이 밖으로 터지는 게 아니라, 안으로 쪼그라드는 내파가 일어나요. 1천분의 1초도 안 되는 무서울 정도로 짧은 순간에 일어나는 사고라서, 제가 손가락을 튕길 틈도 없을 거예요."

"보물을 찾으려면 그 정도 각오는 해야지. 솔직히 초대 여왕님이 심해에 보물을 숨긴 건 용감한 누군가가 찾으러 오길 바랐기 때문이 아닐까? 그 용감한 누군가가 차기 여왕이 될 도깨비라면 아주 기뻐하셨을 거야. 내 목에 보석 목걸이를 걸어 주셨을 거라고."

도깨비 공주는 목에 힘을 주어 말했어요. 도깨비방망이는 고개를 끄덕거리다 보석 목걸이라는 말에 한숨을 내쉬었어요.

"보물 지도 어디에도 그게 보석이라고 적혀 있지 않은데, 자꾸 그러시네."

"에이, 도깨비는 자기 보석을 숨겨 놓고 몰래 보는 걸 좋아해! 그러니까 분명 주먹만 한 다이아몬드일 거야."

도깨비 공주는 신나서 대답하다가 아차 싶어 얼른 덧붙였어요.

"물론 난 그걸 혼자 숨겨놓고 볼 생각은 없어. 백성 모두가 볼 수 있게 박물관에 기증할 거야."

"어휴, 알았어요. 믿어드리죠."

도깨비 공주의 비밀 노트

심해에서도 핸드폰 통화가 가능할까?

바닷속은 땅 위와 전혀 달라요. 인공위성으로부터 받은 신호로 위치를 알려 주는 GPS(지피에스)는 물속으로 30m만 들어가도 작동하지 않아요. 그래서 바닷속에서는 통화뿐만 아니라 사진이나 영상 전송도 불가능해요. 그 대신 음파를 이용한답니다.

박쥐와 돌고래는 보지 않고도 먹이를 잡을 수 있어요. 그 비밀은 바로 음파에 있지요. 제1차 세계 대전 당시 이 원리를 이용해 음파 탐지기가 만들어졌어요.

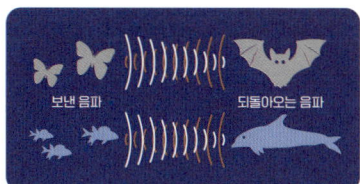

도깨비방망이는 어이없단 표정을 지으며 손가락을 튕겼어요.

뚝딱!

순간 주변 풍경이 바뀌더니 어느 틈에 도깨비 공주는 심해 잠수정 안에 있었어요. 얼굴보다 조금 큰 창문으로 색색의 고운 물고기들이 바쁘게 오가는 모습이 보였고, 그 모습을 보니 가슴이 두근거렸어요. 오래전 보물 지도에 대해 알게 된 뒤로, 바로 이 순간을 꿈꿔왔으니까요.

"자, 가 볼까?"

도깨비 공주는 잠수정 조종석에 앉아 손가락을 빙글빙글 돌렸어요. 잠수정을 조정해 본 적은 없었지만, 도깨비들은 인간들이 만든 기계를 다루는 데 천재적인 재능이 있거든요. 특히 도깨비 왕족은 본능적으로 어떤 버튼을 눌러야 하는지 금세 알아차린답니다.

"이거다!"

도깨비 공주는 중앙에 있는 붉은 버튼을 꾹 눌렀어요. 그러자 희미한 엔진음이 울리며 시동이 걸렸어요. 그런 뒤 앞에 있는 핸들을 힘껏 위로 밀었어요. 곧 잠수정이 앞으로 천천히 움직이기 시작했어요.

도깨비방망이는 손뼉을 마주쳐 해류도가 그려진 두루마리를 꺼내 들었어요.

"어디 보자. 위에서 내려오는 북한한류를 잘 피해서 동해난류를 타고 쭉 가면 되겠네요."

도깨비 공주는 암초를 요리조리 피해가며 말했어요.

"해저 지형도나 보여 줘. 바닷물이 점점 짙어지는 걸 보니 곧 심해에 진입할 것 같거든."

"네, 네. 찾아볼게요."

도깨비방망이가 손뼉을 치며 몇 번이나 두루마리를 바꿔 뽑아냈어요. 그렇게 헤맨 끝에 드디어 동해 해저 지형도가 나타났어요.

"우아! 바닷속에 산과 평원이 있다더니 진짜였구나. 저기 쑥 파인 곳은 도대체 몇 미터야?"

도깨비 공주는 고개를 빼밀고 두루마리를 들여다보며 물었어요.

"울릉도 남쪽에 있는 우산 해곡이네요. 깊이가 2,985m래요."

도깨비방망이는 대답을 마치자마자, 앞을 보고 황급히 손가락을 튕겼어요. 거대한 암초가 시야를 가로막았거든요.

뚝딱!

현란하게 헤엄치던 물고기 떼가 순식간에 사라지고, 창밖에는 어스름한 푸른빛이 스며들었어요.

"아이쿠, 깜짝이야."

도깨비방망이가 호들갑을 떨었어요.

"에이, 뭐야. 내가 직접 운전해서 가고 싶었는데."

도깨비 공주는 툴툴거리다가 입을 떡 벌렸어요. 창밖으로 놀라운 광

경이 펼쳐졌거든요. 분명 바닷속인데, 눈이 펑펑 내리고 있었어요.

"우아! 바깥은 여름인데 바닷속은 겨울이구나!"

"저건 눈처럼 보이지만 사실은 바다눈(Marine Snow)이라고 불려요. 플랑크톤을 포함한 해양 생물의 사체 조각이 가라앉은 거예요. 거기에 물고기 똥도 조금 섞여 있고요. 바다에 사는 생물에게는 중요한 먹잇감이랍니다."

도깨비방망이의 설명에 도깨비 공주는 하마터면 핸들을 놓칠 뻔했어요.

"우웩! 그런 걸 먹고 산다고?"

"왜 이러세요? 도깨비들도 땅에서 나는 건 뭐든 먹잖아요. 벌레도 잡아먹고요!"

도깨비방망이는 툴툴대더니 손뼉을 쳐서 새로운 두루마리를 뽑아냈어요.

"어디 보자. 해수면에서 플랑크톤이 수많은 물고기를 먹여 살리듯, 이곳에서는 저 바다눈이 심해 생물을 먹여 살린대요. 고래가 죽어 바닷속에 가라앉아 바다눈이 되면, 무려 4천 년 치 먹이가 한꺼번에 생긴다고 보면 된대요."

"고래란 동물은 참 대단하네. 살아서도, 죽어서도 바다 생물에게 도움을 주잖아."

도깨비 공주의 비밀 노트

세계 곳곳에 있는 우리말 해저 지형

깊고 어두운 바닷속에는 이름이 없는 산, 계곡, 평원 같은 지형이 많이 있습니다. 이런 해저 지형에 하나둘씩 아름다운 우리말 이름이 붙여지고 있습니다. 마치 새로운 이름을 얻어 다시 태어나는 것처럼요.

우리나라 과학자들은 바다를 탐험하며 다양한 해저 지형을 발견하고, 그 지형에 우리말 이름을 붙여 세계에 알리고 있습니다. 2007년에는 울릉도와 독도 사이에 있는 안용복 해산을 비롯해 10개의 해저 지명이 처음으로 공식 인정받았습니다.

그 뒤로도 바닷속 탐사는 꾸준히 이어졌고, 현재 61개(동해 20곳, 황해 6곳, 제주 근처 1곳, 태평양 20곳, 남극해 14곳)의 우리말 해저 지명이 국제적으로 등재되었습니다.

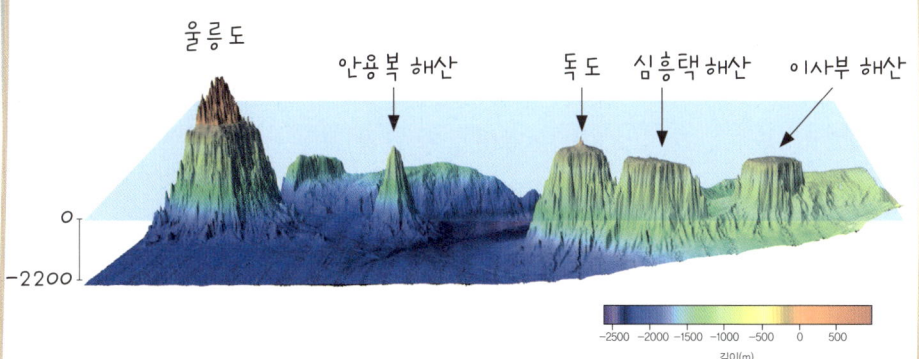

© 한국해양과학기술원

"그러게요. 기회가 된다면 꼭 만나 보고 싶네요."

도깨비방망이는 고개를 끄덕이다가 아차 하는 표정을 지었어요.

"그런데 공주님, 여긴 안용복 해산 앞이에요. 우산 해곡으로 가려면 저기 보이는 푹 꺼진 길이 보이시죠? 저길 따라 쭉 가야 해요."

도깨비방망이가 어스름한 푸른빛 저 너머를 가리켰어요.

"빨리 좀 알려 주지. 아까 저 귀퉁이에서 돌았으면 더 빨랐잖아."

도깨비 공주는 투덜대며 창밖을 바라봤어요. 그러고는 기절할 듯 깜짝 놀랐어요. 왕방울 같은 눈에 톱날처럼 자잘한 이빨을 가진 물고기가 입을 쩍 벌리며 달려들고 있었거든요.

"으악!"

놀란 도깨비 공주가 비명을 지르다가 핸들을 놓쳤어요. 그러자마자 격한 해류에 휘말린 잠수정이 뱅글뱅글 돌았어요. 어찌나 빠르게 도는지 도깨비 공주는 기겁하며 도깨비방망이를 붙들었어요.

"도깨비 살려!"

"잠깐만요, 공주님. 놔주셔야 제대로 신통력을 부리죠!"

도깨비방망이가 몸부림치며 외쳤어요. 그 순간 잠수정이 어딘가에 세게 부딪히며 뒤집혔어요. 도깨비 공주는 겁에 질려 도깨비방망이를 마구 흔들며 다급히 말했어요.

"어떻게 좀 해 봐, 빨리!"

"알았어요, 알았다고요!"

도깨비방망이는 힘겹게 팔을 뻗고는 손가락을 튕겼어요.

뚝딱!

갑자기 사방이 고요해졌어요. 잠수정 바닥이 퉁 하고 뭔가에 부딪치며 마침내 움직임이 멈췄어요.

바닷속 외계 행성, 열수 분출공

"우아, 깜짝 놀랐네. 저런 괴물 같은 물고기가 있을 줄이야."

도깨비 공주는 그제야 도깨비방망이를 꽉 잡았던 손을 풀었어요.

"전설의 심해 갈치, 투라치라는 물고기예요. 깊은 심해로 내려갈수록 빛이 거의 없어지기 때문에 희미한 빛도 감지할 수 있게 눈이 엄청 커졌죠. 어떤 먹잇감이든 꽉 물 수 있게 이빨도 날카로워졌고요."

도깨비방망이가 툴툴대며 말했어요.

도깨비 공주는 멋쩍게 눈을 돌리며 숨을 크게 들이켰어요.

"그런데 저건 도대체 뭐야?"

잠수정의 랜턴 불빛이 퍼지자 어렴풋이 주변 풍경이 드러났어요. 그런데 눈앞에는 믿기 어려울 만큼 거대한 생명체가 있었고, 아래쪽으로는 빨간 촉수가 삐죽삐죽 솟아 있었지요. 도깨비방망이도 난생처음 보는지 얼른 두루마기를 쫙 펼쳤어요. 그 안에는 세계 해저 지형도가 그려져 있었고, 아래쪽에는 작은 글씨가 빼곡히 적혀 있었어요.

"여긴 인도양 북쪽, 수심 2,000m 심해에 있는 온누리라는 열수 분출공이에요. 한국의 해양 조사선인 이사부호가 발견해서 그런 이름을 붙였대요. 근처에는 온바다, 온나래라는 곳도 있어요."

"열수 분출공이 뭐야?"

▲ 바다 위의 해양 연구실, 이사부호. 이사부호는 무려 수심 8,000m까지 촬영할 수 있는 심해 영상 장비를 갖추고 있다. 이를 활용해 세계에서 네 번째로 인도양에서 열수 분출공을 발견했다.　　　　ⓒ 국립해양과학기술원

도깨비 공주는 고개를 갸웃거렸어요.

도깨비방망이가 어색하게 웃으며 말했어요.

"그러게요. 그게 뭘까요? 이름 그대로 보면 뜨거운 물이 새어 나오는 구멍이란 뜻 같은데⋯⋯."

그때였어요. 잠수정이 덜거덕거리더니, 갑자기 창문 너머로 하얀 연기가 세차게 일렁거렸어요.

"음. 왠지 더워지는 것 같은데?"

도깨비 공주는 손으로 부채질을 하다가 조종간에 표시된 숫자를 보고 깜짝 놀랐어요. 아까까지만 해도 17도였는데 순식간에 40도 가까이 올라가 버린 거예요.

"히익! 바깥 온도가 400도예요!"

도깨비방망이가 계기판을 가리키며 외쳤어요.

"말도 안 돼! 물은 100도면 끓어서 기체가 되잖아. 만약 400도라면 우리 주변에 물은 하나도 없어야 하는데⋯⋯."

도깨비 공주가 눈을 굴리며 중얼거렸어요.

도깨비방망이는 급히 손뼉을 마주쳐 두루마기를 뽑아내더니 잽싸게 읽었어요.

"기압이 너무 높아서, 물이 400도까지 끓어도 기체로 변하지 않는대요. 그리고 조금 전 본 하얀 연기는 열수래요. 검은 열수에는 구리, 아연, 철, 황이, 휜 열수에는 실리콘, 바륨이 녹아 있대요."

"그렇다는 건 지금 우리가……."

도깨비 공주는 말을 잇지 못한 채 마른침을 꿀꺽 삼켰어요. 도깨비 방망이가 두루마기를 집어넣고는 눈짓으로 핸들을 가리켰어요.

"열수 분출공 바로 위에 있다는 뜻이죠. 얼른 피해야 해요! 계속 직격을 맞으면 이 잠수정이 녹아 버릴 수도 있거든요."

"그래, 얼른 피하자."

도깨비 공주는 황급히 핸들을 잡고 끌어당겼어요. 잠수정이 빠르게 위로 떠올랐어요. 이어 핸들을 앞으로 밀자 잠수정이 앞으로 움직이기 시작했어요.

그런데 또다시 열수가 분출하는지 잠수정이 크게 흔들렸어요. 마음이 다급해진 도깨비 공주는 핸들을 세게 꽉 눌렀어요. 잠수정은 점점 속도를 높이며 시커먼 어둠 속을 쏜살같이 빠져나갔어요. 하지만 갑자기 무언가가 앞을 가로막았어요. 도깨비 공주는 급히 핸들을 당겨 잠수정을 멈추려 했지만, 이미 한발 늦었어요.

쿵!

단단한 벽에 세차게 부딪치는 순간, 도깨비 공주의 몸이 앞으로 확 쏠리며 핸들에 머리를 부딪쳤어요.

"아얏!"

도깨비방망이가 다급하게 손가락을 튕겼어요.

"이동할게요, 뚝딱!"

잠수정이 크게 흔들리더니 순식간에 주변이 고요해졌어요.

"아까 굴뚝에 부딪힌 것 같네요. 열수 분출공 근처를 흐르는 차가운 바닷물에 뜨거운 열수가 닿으면, 황철광 같은 금속 성분이 가라앉아 단단한 굴뚝을 만든대요. 무려 20m나 쌓인 경우도 있다네요."

도깨비방망이는 두루마기를 펼쳐 들고 줄줄 읽었어요.

"야! 태평하게 그런 소리 하고 있을 때가 아니잖아. 여긴 또 어디야?"

도깨비 공주는 잠수정을 움직이려고 핸들을 돌렸어요. 하지만 잠수정은 꿈쩍도 하지 않았어요.

"열수 분출공에서는 벗어난 게 틀림없으니까 안심하세요."

도깨비방망이가 달래듯 말했어요.

도깨비 공주는 어쩔 수 없이 핸들에서 손을 떼고 창밖을 바라봤어요. 기분 탓인지, 아까보다 더 짙고 깊은 어둠이 도사리고 있는 것만 같았어요. 괜히 오싹해진 도깨비 공주는 몸을 부르르 떨었어요.

그때였어요. 어둠 속에서 초롱아귀 한 마리가 창 앞에 나타났어요.

"우아! 초롱아귀다!"

도깨비 공주는 방긋 웃으며 얼굴을 창에 바짝 들이밀었어요. 그러자

놀랍게도 초롱아귀가 활짝 웃으며 말했어요.

"어서 오세요, 용왕님."

열수 분출공은 어떻게 만들어질까?

심해에 있는 열수 분출공 주변은 지구의 원시 바다 환경과 비슷하다고 추정해요. 그곳에 사는 생물들도 원시적인 모습을 하고 있지요. 그렇다면 열수 분출공은 무엇이고, 어떻게 만들어졌을까요?

해저에서 뜨거운 물이 솟아 나오는 곳을 열수 분출공이라고 불러요. 지금까지 약 300개 이상이 발견되었어요. 대부분 중앙 해령이나 해저 판의 경계 부근에 위치해 있어요. 육지의 온천과 비슷한 원리로 생겼다고 보면 돼요. 온천도 성분에 따라 냄새가 다르듯, 열수에도 황화수소가 섞여 있어 달걀 썩는 냄새가 강하게 난답니다. 또 열수에 들어 있는 금속 성분에 따라 뿜어져 나오는 물이 흰색(화이트 스모커) 이 되기도 하고, 검은색(블랙 스모커) 이 되기도 해요.

▼ 블랙 스모커

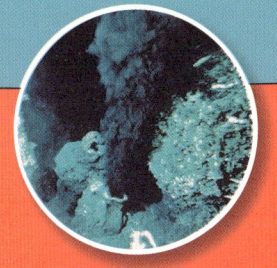

❸ 열수 분출공. 광물이
섞인 바닷물이 암석
밖으로 분출해요.

❷ 스며든 바닷물이
마그마와 만나 끓어오르며
광물이 녹아들어요.

❶ 해저의 틈새로 바닷물이
스며들어요.

▲ 열수 분출공 주변에 사는 게들

▲ 열수 분출공에 붙어 사는 흰색 고둥류

© 국립해양과학기술원

열수 분출공 주변에는 관벌레, 열수구 조개, 장님게 등
다양한 생물이 살고 있어요.

열수 분출공 주변을 개발하는 것이 맞을까?

그거 알아? 심해에는 플랑크톤이 살지 않는데!

맞아요. 빛이 들어오지 않아서 광합성을 할 수 없으니까요. 사실 불과 50년 전까지만 해도, 과학자들은 높은 수압과 맹독성 황화수소 때문에 심해에는 어떤 생명체도 살 수 없다고 생각했었죠.

하지만 아니잖아. 거기에는 정말 다양한 생물들이 살고 있어. 내 눈으로 직접 봤다니까!

관벌레

폼페이벌레

키아스모돈
(블랙 스왈로 우어)

그렇죠. 그 생물들은 극한 환경에 적응하면서 진화했어요. 빛이 없으니까 눈이 퇴화되거나 아예 없는 경우가 많고, 몸이 투명한 종들도 많아요. 또 심해에서 먹이를 구하기 어렵기 때문에 어떤 먹잇감이든 삼킬 수 있도록 커다란 입과 늘어나는 위장을 가진 물고기도 흔하죠.

우아! 너무 신기한걸. 그런데 황화수소가 있는데도 어떻게
생물이 살 수 있는 거야?

열수 분출공 주변에는 황화수소를 에너지원으로 삼는
박테리아가 살고 있대요. 이 박테리아는 황화수소가 산화될
때 나오는 에너지를 이용해서 바닷속 이산화탄소와 결합해
탄수화물을 만들어 낸다고 해요.

그럼 광합성에 의존하지 않고도 유지되는 생태계가 있다는
거네. 정말 놀라운걸!

어쩌면 생명체가 살 수 없을 거라고 생각했던 다른 행성에도,
사실은 외계 생명이 있을지도 모르지요.

* 열수 분출공은 정말 놀라운 곳이에요. 햇빛이 전혀 닿지 않고, 수업이 매우
높으며, 황화수소 같은 독성 물질이 가득한데도 다양한 생물들이 살아가고
있지요. 게다가 이곳에는 산업에 필요한 금속 자원이 많이 매장되어 있어,
이를 개발하려는 움직임도 계속되고 있어요. 그렇다면 열수 분출공 주변을
개발해야 할까요, 아니면 보호해야 할까요? 이 주제에 대해 부모님이나 친
구와 함께 토론해 보세요.

퀴즈 팡팡

다음 중 열수 분출공에 대해 잘못 설명한 것은 무엇인지 찾아 보세요.

1

열수 분출공 주변에는 다양한 생물이 살고 있다.

2

지금까지 약 300개 이상이 발견되었다.

3

열수 분출공에서 나오는 물의 색은 검은색뿐이다.

4

황화수소가 섞여 있어, 달걀 썩는 냄새가 난다.

5

대부분 중앙 해령이나 해저 판의 경계 부근에 있다.

용왕이 된 도깨비 공주

뭐라고
말하는 거야?

잠시만요!
초롱아귀의
말이 들려라, 뚝딱!

용왕님!

어서 나오세요.
모두 기다리고 있어요.

왜 나보고
용왕님이라고 하지?

밖의 수압이
너무 높아서 나갈 수 없어.

용궁에 최신형 심해
잠수복을 준비했으니,
도깨비방망이를
시켜 가져 가세요.

저걸 어떻게 입지?

한 벌당 200킬로그램쯤 될 것 같은데….

버튼을 누르면 자동으로 움직인대요.

우아, 재밌겠다.

환양합니다, 용왕님. 소신은 근위대장입니다. 저를 따라 오시죠.

우아, 물속에서도 불이 안 꺼지네!

요 주머니의 이름은 에스카라고 부르는데, 그 안에 빛을 내는 세균이 살고 있어요.

빛을 내는 박테리아

사실 이 뿔은 지느러미가 변형된 건데, 움직여서 먹잇감을 유인하죠.

좋은 도구네. 심해에서는 그 불빛을 보고 천적이 쫓아오지 않을 것 같은데?

역시, 용왕님! 하지만 복어가 이 뿔을 노리지요.

그렇구나.

저기 용궁이 보여요.

초대 여왕님이 지으신 건가?

우아, 멋지다!

잠시만요! 여기 수압이….

괜찮은데. 용궁 안에서 수압이 개인 맞춤형인가 봐.

그렇군요.

보물은 어디에 있을까?

용왕님, 공연을 준비했습니다. 보시죠!

시작하라!

우아, 복어처럼 몸이 커지네. 신기하다!

불을 뿜어내다니!

저건 불이 아니라 빛을 내는 갑각류예요. 입에 머금었다가 뱉는 모양 같은데요.

우웩!

너무 예쁘다.

어머나!

1부는 여기까지!
식사를 하신 뒤
2부가 시작됩니다.

혹시 이게 보물?

저게 보물이라고?

4장

심해의 보물

불멸의 해파리

도깨비 공주는 옥좌에서 벌떡 일어섰어요. 눈을 비비고 다시 봐도 거대한 보물 창고 안에 있는 건 자그마한 해파리뿐이었어요.

"말도 안 돼! 내가 얼마나 힘들게 여기까지 왔는데!"

해파리가 위아래로 움직이다가 크기와 전혀 어울리지 않는 걸걸한 목소리로 말했어요.

"아이구, 시끄러워. 아가야, 목소리가 너무 크구나."

"아가라니! 내가 몇 살인데 나더러 아가라는 거야. 아무리 봐도 네가 아가 같은데?"

도깨비 공주는 허리에 손을 얹고는 씩씩대며 쏘아붙였어요. 그러자 껄껄 웃음소리와 함께 대답이 들려왔어요.

"난 6천 6백만 살이란다."

도깨비 공주는 코웃음을 쳤어요.

"거짓말! 지구에 그렇게 오래 사는 생물이 어딨어?"

"그래, 처음 이곳에 왔던 도깨비 여왕도 너와 똑같은 말을 했었지. 하지만 난 거짓말은 하지 않아."

해파리가 진지하게 말했어요. 도깨비 공주는 눈을 깜빡였어요.

"우리 왕국의 초대 여왕님을 만났다고? 무려 5백 년 전인데?"

"나에게 5백 년은 짧디짧지. 난 계속 몸을 바꾸면서 살아왔지만, 기억은 그대로거든."

그때 도깨비방망이가 두루마리를 들어 보이며 끼어들었어요.

"공주님, 사실인 것 같은데요. 작은보호탑해파리는 잡아먹히지 않는 한 영원히 살 수 있다고 적혀 있어요."

도깨비 공주는 깜짝 놀랐어요.

"말도 안 돼! 그게 가능하다고?"

"인간들도 이 사실을 알고 죽지 않는 비법을 연구 중이래요."

도깨비방망이가 두루마리를 접으며 말하더니 작은보호탑해파리를 바라봤어요.

"초대 여왕님이 아무래도 저 해파리를 지키려고 이 용궁을 지은 게 아닐까요? 오래 살아온 만큼 아는 게 많을 테니까요."

"그렇지, 뭐. 이렇게 가만히 있어도 바닷속 세균들이 온갖 정보를 알려 주거든. 초대 용왕은 그런 정보야말로 진짜 보물이라고 하더군."

작은보호탑해파리가 킬킬 웃으며 말했어요.

도깨비 공주는 한숨을 푹 내쉬었어요.

"반짝이는 보석인 줄 알았는데, 설마 백과사전이 보물일 줄이야."

그러자 작은보호탑해파리가 촉수를 이리저리 움직이며 말했어요.

"아가야, 이곳 심해에는 보물이 넘쳐난단다. 요즘 인간들이 이 보물을 손에 넣으려고 떼로 몰려오고 있을 정도지."

"정말요? 그 보물이 어디에 있는데요?"

도깨비 공주는 눈을 반짝이며 물었어요.

작은보호탑해파리가 촉수를 들어 아래를 가리켰어요.

"네 발아래 있단다."

도깨비 공주는 기뻐하며 아래를 내려다봤어요. 하지만 보이는 건 울퉁불퉁한 둥근 돌이 잔뜩 깔린 심해 바닥이었어요.

"혹시 여길 파보란 건 아니죠?"

도깨비 공주가 미간을 찌푸리며 묻자, 작은보호탑해파리가 촉수를 천천히 저었어요.

"저 돌이 바로 보물이란다. 망간단괴라고 하는데, 상어 이빨이나 뼈, 작은 결정 주위에 금속이 들러붙으면서 만들어지지. 요즘 인간들이 없어서 안달인 희귀 금속 말이다. 그게 저 돌 안에 잔뜩 들어 있어."

"망간각이란 것도 있던데, 그것과 다른 건가요?"

도깨비방망이가 불쑥 끼어들었어요.

작은보호탑해파리가 촉수를 까닥거렸어요.

"해류가 위아래로 오르내리며 순환하는 건 알고 있지?"

도깨비방망이가 고개를 끄덕였어요. 작은보호탑해파리는 몸을 위아래로 흔들며 말을 이었어요.

"산소가 부족한 심해에 산소가 풍부한 해류가 흘러 들어오면, 바닷물 속 금속들이 서로 엉겨 붙어 화합물을 만든단다. 그 화합물이 해저산 비탈에 있는 암석에 조금씩 쌓여서 만들어진 게 망간각이지. 이 망간각은 백만 년 동안 자라 봐야 겨우 1.5cm밖에 되지 않지. 하지만 이 얇디얇은 망간각 층에 아주 값비싼 니켈과 코발트가 숨어 있단다."

"우아! 그 망간각은 어딨어요?"

도깨비 공주는 너무 기뻐 급히 물었어요.

작은보호탑해파리가 촉수를 살랑살랑 흔들었어요.

"주로 북태평양에 많단다. 여기서 한참은 더 가야 해."

"쳇, 아깝다."

도깨비 공주는 실망한 듯 어깨를 축 늘어뜨렸어요. 그러자 도깨비방망이가 한숨을 내쉬며 말했어요.

"조만간 인간들이 심해에도 드글드글하겠네요. 언제나처럼 악조건을 이겨 낼 기술을 만들어 낼 테니까요."

도깨비방망이가 말했어요.

"자네 말이 맞아. 예전에는 바다에 배를 띄우고 그물로 망간단괴를 직접 끌어올리더니, 요즘은 채광 로봇(미내로)까지 내려오더군."

작은보호탑해파리가 울적한 목소리로 말했어요.

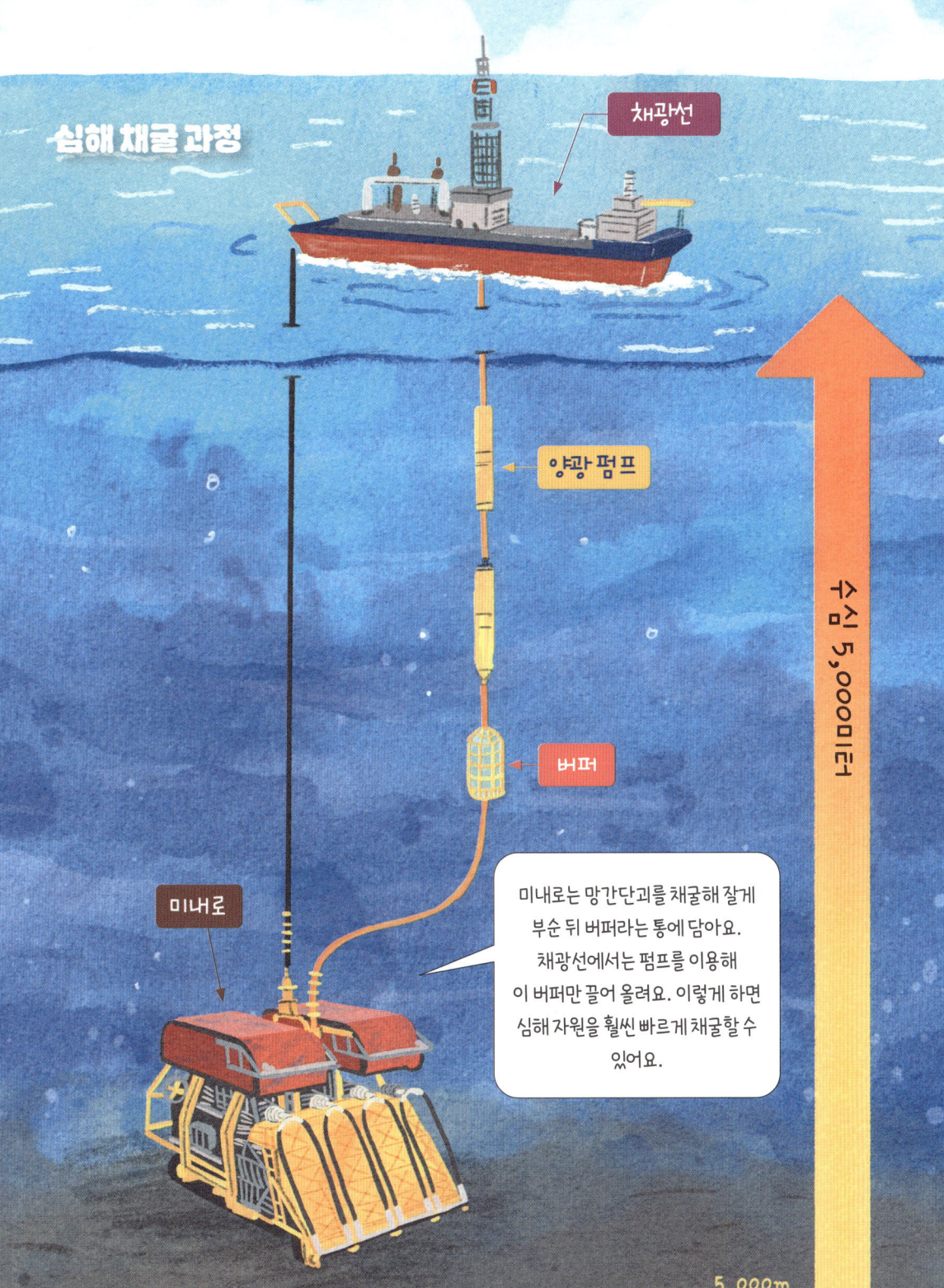

그 말을 들은 도깨비 공주는 눈을 부릅떴어요.

"헉! 그렇다면 이건 보물이 아니라 괴물이잖아요? 개발한답시고 심해를 쑥대밭으로 만들 텐데!"

"그래서 걱정이지. 심해에는 망간단괴나 망간각만 있는 게 아니거든. 요즘 인간들은 지구가 점점 더워지는 걸 막아 보겠다며 석유와 천연가스를 대신할 새로운 에너지원도 찾고 있거든."

도깨비 공주는 눈을 동그랗게 뜨고 물었어요.

"설마 그게 이 심해에 있다는 거예요?"

"그렇다네. 메탄 하이드레이트라고 수심 500~1,000m쯤 되는 해저 아래에 잔뜩 매장돼 있지. 겉보기에는 얼음 가루 같지만 불을 붙이면 활활 타서 타는 얼음이라도 불리더군. 석유보다 이산화탄소 배출이 적어서 친환경 에너지로 주목받고 있어."

작은보호탑해파리가 걱정이 묻어나는 목소리로 말했어요.

도깨비 공주는 머리를 쥐어뜯으며 외쳤어요.

"아니, 인간이 탐낼 만한 보물이 왜 이렇게 많은 거예요!"

"육지에는 인간의 손이 닿지 않은 곳이 없으니까요. 쓸모가 있는 건 다 캐내 썼고, 그러다 보니 고갈 직전인 자원이 수두룩하죠. 하지만 바다는 아직 아니에요. 바닷물이 가로막고 있어서 접근이 어려웠을 뿐, 육지보다 훨씬 넓고 미개척된 땅이 여기 있잖아요."

도깨비방망이가 걱정 가득한 얼굴로 말했어요.

"개발이 안 된 땅을 그냥 놔둘 인간들이 아니지."

도깨비 공주는 고개를 끄덕이다가 번쩍 손가락을 튕겼어요.

"차라리 도깨비들이 채광을 하면 어때? 인간들이 심해를 쑥대밭으로 만들기 전에, 피해를 최소화하는 방식으로 우리가 먼저 캐는 거야. 그런 뒤 그 광물을 인간에게 파는 거지."

작은보호탑해파리가 반색하며 말했어요.

"그렇다면 얕은 바다에 해저 기지를 만드는 게 좋겠어. 도깨비들도 살기 편할 테고, 인간에게 광물을 팔기도 쉬울 테지."

도깨비방망이는 말도 안 된다는 표정을 지었어요.

"도깨비족은 산에서 살아야죠. 채광은 로봇을 이용해도 됩니다. 그리고 운영은 이곳 백성들에게 맡기고요."

"누구한테 맡긴다고?"

도깨비 공주는 눈을 돌리다 계단 아래서 지켜보던 시종관 아귀와 근위대장 복어와 눈이 딱 마주쳤어요. 그뿐만이 아니었어요. 천장에는 앨퉁이가, 활짝 열린 문 너머에는 신기하게 생긴 물고기들이 빼꼼히 들여다보고 있었지요. 모두 도깨비 공주가 할 말을 기다리는 눈치였어요.

"어, 그렇지. 바다는 바다 생물이 지켜야지."

도깨비 공주가 말하자, 심해 생물들의 표정이 밝아졌어요.

도깨비 공주는 단호하게 선언했어요.

"좋아. 새로운 용궁을 만들자!"

도깨비 공주의 비밀 노트

바닷속의 보물, 광물 자원

2020년 5월, 우리 기술로 만든 채광 로봇 미리내가 수심 5,000m에서 망간단괴 채굴에 성공했어요. 그렇다면 바닷속에는 어떤 광물 자원이 있을까요?

© 국립해양과학기술원

망간단괴

심해 평원에 감자처럼 생긴 덩어리들이 여기저기 퍼져 있어요. 이 덩어리를 망간단괴라고 해요. 크기는 1~15cm지만, 큰 것은 20cm가 넘기도 해요. 주먹만 한 크기로 자라는 데, 1천만 년이나 걸린답니다.

© 국립해양과학기술원

망간각

해저 화산 표면을 껍질처럼 덮고 있는 광물 자원이에요. 두께는 보통 3~5cm 정도예요. 망간각의 가치는 바로 이 두께에 달려 있어요. 두꺼울수록 니켈, 코발트 같은 값비싼 금속이 많이 들어 있기 때문이지요.

황동광

뜨거운 물기둥인 블랙 스모커를 내뿜는 열수 분출구 주변에는 황동광이 두껍게 둘러져 있어요. 또 그 근처에 쌓인 침전물에는 아연, 구리, 금, 은 같은 귀금속이 많이 들어 있어요.

해저 도시는 어떻게 만들어질까?

가까운 미래에 우리는 바닷속에서 살아가게 될지도 몰라요. 현재 우리나라는 울산 앞바다에서 해저 거주 공간을 짓기 위한 연구를 진행하고 있어요. 2036년까지 수심 30m에서 실험을 진행한 뒤, 여러 개의 모듈을 연결해 점차 확장하는 방식으로 해저 도시를 건설하는 것이 목표예요. 그렇다면 바닷속에 집을 지으려면 어떤 조건이 필요할까요?

먼저 햇빛이 드는 깊이여야 해요. 그래야 사람이 살 수 있고, 식물도 기를 수 있지요. 그래서 최대 수심은 대륙붕에 해당하는 200m까지가 적당해요. 하지만 지진 위험이 큰 해곡 지역은 제외해야 해요.

또한, 자연재해로부터 안전한 곳이어야 해요. 태풍, 바람, 파도는 보통 수심 30m 구간이 가장 안정적이고 적절한 위치로 꼽혀요. 물론 지진이나 해일의 위험이 낮은 지역인지도 꼭 확인해야 해요.

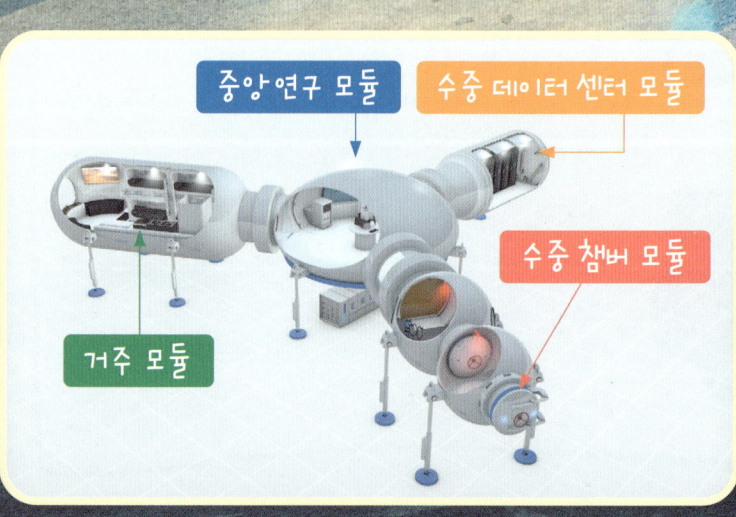

중앙연구 모듈

수중 데이터 센터 모듈

수중 챔버 모듈

거주 모듈

▲ 우리나라에서 개발 중인 모듈형 해저 공간 플랫폼 구성 및 조감도

깜짝 지식!

수심 100m에 해저 도시를 지으려면 11기압의 수압을 견딜 수 있는 돔형이나 조개 껍데기 형태의 구조물이 필요해요. 또 사람이 살아가기 위해 꼭 필요한 산소와 물을 공급하는 장치도 갖춰야 하고, 해저 도시 안은 항상 1기압을 유지해야 해요. 그리고 만일의 사고를 대비해 모듈을 분리해 개별적으로 탈출할 수 있는 구조도 마련되어야 해요. 예를 들어, 100명이 거주하는 해저 도시를 만든다면, 최소 6천 평, 현실적으로 3만 평 정도의 공간이 필요하답니다.

▲ 수중 건설 로봇 URI-T

© 한국해양과학기술원

대륙붕 자원, 함께 개발해야 할까?

퀴즈 하나 낼게. 맞춰 봐! 우리나라를 둘러싼 대륙붕의 수역을 나누는 이름은?

광구라고 하지요. 이미 1960년대부터 동북아 여러 국가들은 대륙붕을 차지하기 위한 개발 전쟁을 시작했어요. 우리나라 역시 그 무렵에 8개의 광구를 정해 두었답니다.

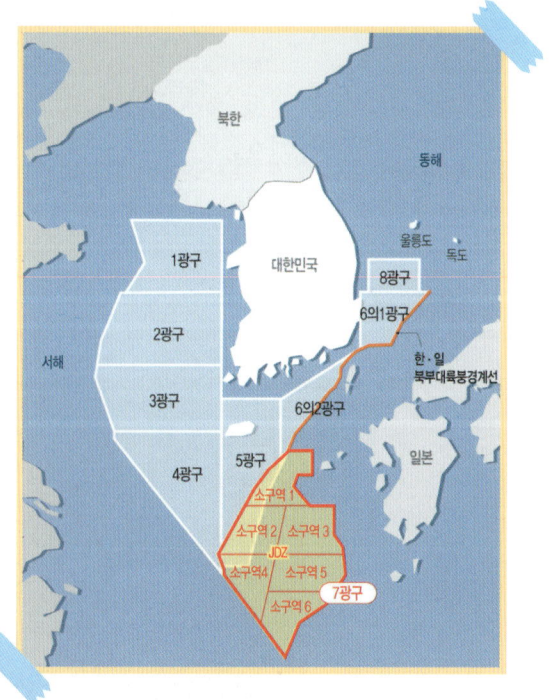

에이. 시시해. 그럼 가장 유명한 광구는 뭐게?

당연히 7광구죠! 1969년 국제사법재판소가 대륙붕 경계는 단순히 중간선을 긋는 것이 아니라 육지 영토가 바닷속으로 자연스럽게 이어진 개념에 기초한다고 판결했어요. 그 덕분에 이곳은 우리 영토로 인정받았지요. 그런데 일본은 400해리 이내에서는 중간선을 긋는다는 유엔 해양법을 내세우며 7광구에 대한 권리를 주장하고 있어요. 결국 이곳은 한일 공동개발 구역이 됐어요. 하지만 이곳에 다량의 석유가 묻혀 있을 가능성이 높아지자, 일본은 이 구역을 독점하려 하고 중국도 공동개발권을 주장하고 있어 상황이 아주 복잡하죠.

아이쿠! 바닷속 땅을 차지하려고 혈안이구나. 근데 한국은 가만히 있어도 되는 거야?

그래서 한국도 해양 탐사와 감시를 강화하고, 국제 협약에 따라 자국의 권리를 주장하고 있어요.

* 땅 위에서 전쟁이 벌어지는 것처럼, 바닷속 자원을 차지하려는 경쟁도 치열해요. 그렇다면 우리가 바닷속 자원을 지키려면 어떻게 해야 할까요? 친구들과 함께 이야기를 나눠 보세요.

OX 퀴즈

다음은 바닷속 지하자원 개발에 대한 설명입니다. 각 문항을 잘 읽고 O 또는 X로 답해 보세요.

 ❶ 망간각에는 값비싼 코발트와 니켈이 들어 있다.

 ❷ 망간단괴는 아주 쓸모 없는 자원이다.

 ❸ 해미레는 우리나라 무인 잠수정이다.

 ❹ 우리나라는 미국과 대륙붕 때문에 전쟁이 일어나기 직전이다.

5장

용궁 해저 기지

바다로 간 플라스틱

근위대장 아귀가 불러 모은 근위대가 옥좌 아래 모여 섰어요. 도깨비방망이는 그들을 훑어보고는 손가락을 튕겼죠.

"변신해라. 뚝딱!"

펑 소리와 함께 모두 도깨비로 변신했어요. 머리에 달린 등불은 뿔이 되었고 넓적한 몸은 둥글게 변해 다리와 팔이 달렸어요.

"오, 대단하다."

근위대 아귀들이 제 몸을 보며 신기해했어요. 이미 도깨비로 변신해 있던 근위대장 아귀와 시종관 복어가 흐뭇한 얼굴로 그들을 바라봤어요. 옥좌에 앉아 있던 도깨비 공주는 그제야 일어섰죠.

"자, 이제 새 용궁을 만들러 출발하자고!"

도깨비방망이가 기다렸다는 듯이 손가락을 튕겼어요.

뚝딱!

미리 준비된 열 대의 잠수정에 모두 사이좋게 나눠 탔어요. 도깨비 공주를 선두로 잠수정은 사선으로 달렸어요. 서너 시간쯤 지나자, 바닷속이 환해지며 화려한 물고기 떼가 나타났어요. 잠수정이 해곡을 올라오자, 눈 아래로 대륙붕이 펼쳐졌어요.

"멋집니다! 정말 멋져요!"

근위대장 아귀가 눈물을 찔끔거렸어요. 시종관 복어도 코를 훌쩍거

리며 창밖 풍경에 넋을 잃었지요. 오랫동안 어둠 속에 있던 도깨비 공주 역시 탁 트인 바다를 보니 숨통이 확 트이는 기분이 들었어요.

"햇빛이 이렇게 소중할 줄이야."

도깨비 공주가 말했어요.

"수심 100m로군. 이 정도가 알맞겠어."

작은보호탑해파리가 말했어요.

도깨비 공주는 핸들을 당겨 잠수정을 멈춰 세웠어요.

"좋아. 시작해 볼까?"

순식간에 공갈빵처럼 생긴 큰 방을 중심으로, 세 갈래 타원형의 방이 이어진 플랫폼이 처음 모습을 드러냈어요. 그런 뒤 같은 모양이 붙고 붙으며 새로운 용궁이 완성됐어요.

"이제 망간각을 채취하기만 하면 되겠네."

도깨비 공주는 흐뭇해하며 가장 먼저 만들어진 큰 방에 놓인 옥좌에 앉았지요.

"고생 많으셨습니다."

도깨비방망이가 메밀차가 담긴 잔을 건넸어요. 도깨비 공주는 냉큼 받아 들고 후루룩 마셨어요. 새 용궁을 짓느라 여섯 달 넘게 일하면서 조금도 지치지 않은 건 이 메밀차 덕분이에요. 마실 때마다 절로 감탄이 나올 만큼 맛있었어요.

"너무 좋다."

그때였어요. 발가락이 간질대나 싶더니 뭔가 느낌이 이상했어요. 도깨비 공주는 황급히 신발을 벗어보고는 기절할 듯 놀랐어요. 도깨비방망이 또한 충격에 빠진 듯 소리쳤어요.

"세상에, 맙소사!"

멀쩡하던 다리가 플라스틱으로 변해 버렸어요.

"어허. 내가 옛날에 비슷한 걸 본 적이 있는데. 미세 플라스틱을 너무 먹은 도깨비를 말이야."

불쑥 작은보호탑해파리의 목소리가 들려왔어요. 도깨비 공주는 당황해 눈을 굴렸어요. 해저 기지를 만드는 내내 작은보호탑해파리는 둥실둥실 떠다니며 툭하면 옛날이야기를 늘어놨거든요. 게다가 일단 시작하면 끝나지를 않아요.

도깨비 공주는 못 들은 척하고 싶었어요. 하지만 다리가 변한 이유를 알아야만 했어요. 도깨비 공주는 마지못해 물었어요.

"미세 플라스틱이 뭐예요?"

작은보호탑해파리가 대답했어요.

"인간들이 버린 플라스틱 쓰레기가 파도에 휩쓸리고 햇빛을 받으면서 1mm(밀리미터) 이하의 크기로 작아지거든. 바다에만 5조 개 이상의 미세 플라스틱이 떠다니지. 26만 t(톤)에 되는 양이야."

작은보호탑해파리가 그렇게 대답한 뒤 도깨비방망이에게 말했어요.

"자네 신통력이면 미세 플라스틱을 토해 내게 만들 수 있을 거야. 어서 해 봐."

도깨비방망이는 황급히 손가락을 튕겼어요.

뚝딱!

순간 도깨비 공주는 앉은 자리에서 우웩, 호두만 한 플라스틱 공을 토해 냈어요. 그러자마자 다리가 원래대로 돌아왔지요.

"우아! 살았다!"

도깨비방망이가 플라스틱 공을 집어 들며 한숨을 쉬었어요.

"여섯 달 동안 먹고 마신 것들에 이런 게 섞여 있을 줄이야."

"그러게. 인간들은 이런 걸 먹고도 괜찮은 건가?"

도깨비 공주는 고개를 갸웃거렸어요. 작은보호탑해파리가 촉수를 저으며 말했어요.

"도깨비와는 달리 인간의 몸에 들어간 미세 플라스틱은 대부분 배출되지만 조금씩 몸속에 남아 쌓인다네. 그 조각들이 몸속 중요한 기관을 공격하지. 하지만 그보다 심각한 문제는 따로 있어."

도깨비 공주의 비밀 노트

미세 플라스틱은 어떻게 우리 몸에 들어올까?

미세 플라스틱이란 5mm 이하의 아주 작은 플라스틱 조각입니다. 땅에서 버려진 플라스틱 쓰레기가 잘게 부서지거나 치약, 화장품 같은 생활용품 속에 들어 있던 미세 플라스틱 알갱이가 바다로 흘러 들어가요. 이렇게 생긴 미세 플라스틱은 결국 우리 몸속으로 다시 들어오게 됩니다.

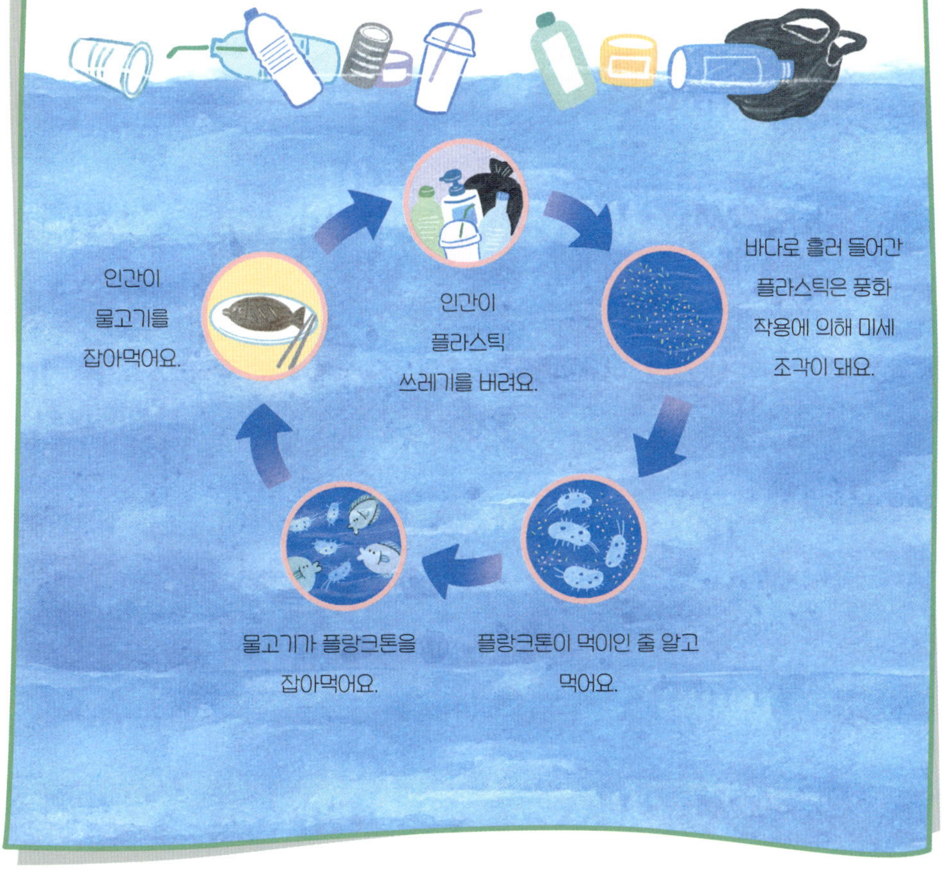

인간이
물고기를
잡아먹어요.

인간이
플라스틱
쓰레기를 버려요.

바다로 흘러 들어간
플라스틱은 풍화
작용에 의해 미세
조각이 돼요.

물고기가 플랑크톤을
잡아먹어요.

플랑크톤이 먹이인 줄 알고
먹어요.

바닷속은 쓰레기통

도깨비 공주와 도깨비방망이는 서로 눈을 맞추며 마른침을 꿀꺽 삼켰어요. 6만 년 넘게 살아온 작은보호탑해파리가 심각하다고 하니, 대체 어떤 문제일지 상상조차 되질 않았거든요.

"이대로 미세 플라스틱이 바다에 계속 퍼져나가면……."

작은보호탑해파리가 길게 한숨을 내쉰 뒤, 도깨비 공주를 바라보며 말을 이었어요.

"지구는 멸망할 거야. 지구의 산소를 만드는 건 바로 바다에 사는 세균과 플랑크톤 그리고 해조류거든."

그 말을 들은 도깨비 공주는 웃음을 터뜨렸어요.

"산소요? 에이, 난 또 뭐라고. 도깨비는 산소 같은 건 필요 없어요."

"이봐. 도깨비는 인간이 애지중지하던 물건이 변해서 태어나잖아. 그런데 인간이 사라지면 어쩌려고 그래?"

작은보호탑해파리가 따끔하게 야단쳤어요.

도깨비 공주는 입을 삐죽거렸어요.

"인간이 사라져도 인간이 쓰던 물건은 남을 테니까 괜찮아요. 시간이 흐르면 도깨비가 되는 아이들이 생길 거라고요."

그러자 도깨비방망이가 성난 얼굴로 말했어요.

"산소가 부족해지면 공주님이 세상에서 가장 좋아하는 메밀묵도 못 먹게 되는 거라고요! 식물이 다 멸종할 테니까요! 그뿐인 줄 아세요? 없어서 못 먹는다고 만날 아쉬워하는 치킨은요? 닭들이 죄다 죽어 버릴 텐데 괜찮겠어요?"

"인간이 사라지면 산에 나무가 많아져서 산소가 잔뜩 나올 텐데, 뭐가 걱정이야."

도깨비 공주는 일부러 불퉁한 표정을 지으며 말했어요. 사실 메밀묵과 치킨은 아무리 먹어도 질리지 않는 최고의 음식이에요. 그것들이 사라진다니 끔찍했어요. 하지만 잠깐이라면 참아낼 수 있을 것 같았어요.

"지구의 모든 생물은 산소가 없으면 살아남을 수 없어요. 바닷속 생물도 마찬가지예요. 우리가 처음 왔을 때 멋진 공연을 보여 준 그 생물들, 그 친구들이 다 죽게 된다고요!"

도깨비방망이가 답답하다는 듯 소리쳤어요.

"뭐라고? 난 그런 생각은 미처 못했는데……."

도깨비 공주는 당황해 눈을 굴리다가, 시종관 아귀와 근위대장 복어가 울 것 같은 얼굴로 서 있는 것을 보았어요. 그제야 도깨비 공주는 자신이 얼마나 끔찍한 말을 했는지 깨달았어요.

"미안해. 내가 인간처럼 나만 생각했어. 홀로 존재할 수 있는 생물은 없는 법인데. 그걸 무시하고 쓰레기를 마구 버려서 미세 플라스틱이 바다에 퍼지고 있는 거잖아. 그 결과 산소가 부족해질 위기를 맞고 있는 건데."

"용왕님! 나쁜 인간만 있는 건 아니에요."

불쑥 근위대장 아귀가 외쳤어요.

도깨비 공주가 깜짝 놀라 바라보자, 근위대장 아귀가 뻘쭘한 얼굴로 말을 이었어요.

"제가 인간인 척하고 용궁 해저 기지를 등록하러 갔었거든요. 그런데 정말 친절하더라고요."

"그거야, 내가 이 도깨비방망이로 신통력을 부려서지! 이미 오래전에 신청해 놓고, 이제 완공했다고 보고하는 줄 알고 있으니까!"

시종관 복어가 휴대용 도깨비방망이를 흔들며 말했어요. 그러자 근위대장 아귀가 볼을 한껏 부풀리며 화를 냈어요.

미안해.

"예끼, 내가 괜히 이런 말 하는 줄 알아? 해저 기지가 물고기들한테 스트레스를 주는지 반드시 조사해야 한다니까!"

작은보호탑해파리가 추억에 잠긴 목소리로 말했어요.

"당연한 사실을 두고 싸우는군. 나쁜 인간만큼이나 착한 인간도 있는 법이지. 내가 옛날에 말이야. 실수로 해안가로 휩쓸려 간 적이 있었거든. 그때 한 아이를 만났는데……."

"자, 이제 인간들이 와서 머물 방을 꾸미러 가 볼까?"

도깨비 공주는 못 들은 척 허둥지둥 걸음을 옮겼어요. 근위대장 아귀도 시종관 복어도 황급히 그 뒤를 따랐어요. 마지막으로 남은 도깨비방망이는 어색하게 웃으며 고개를 까닥였죠.

"어르신, 저도 가 봐야겠네요. 쉬시죠."

문이 닫히는 순간 작은보호탑해파리의 웃음소리가 들려왔어요.

"그래. 나에게는 시간이 아주 많으니까!"

도깨비 공주의 비밀 노트

바다에 넘쳐나는 플라스틱

매년 1,200만 t(톤)의 플라스틱이 바다로 흘러 들어가고 있습니다. 1분마다 트럭 한 대 분량의 쓰레기가 바다에 버려지는 셈이지요. 이렇게 많은 양의 플라스틱은 대부분 땅에서 우리가 쓰고 버린 생활 쓰레기나 산업 폐기물로, 강이나 하수관을 따라 바다로 흘러 들어가지요. 또 바다에서 사용하는 어망이나 어구가 버려지거나 잃어버리는 경우도 많아요. 이런 유령 어구는 해마다 64만 t이나 바다에 떠다닌다고 해요.

우리가 입는 옷도 문제예요. 합성 섬유 옷을 세탁할 때 아주 작은 미세 플라스틱이 하수구로 흘러 들어가고, 결국 바다까지 가게 됩니다. 그렇다면 우리는 이 문제를 어떻게 해결할 수 있을까요?

먼저 플라스틱 사용을 줄이는 것이 가장 중요합니다. 텀블러, 장바구니, 다회용기처럼 여러 번 쓸 수 있는 물건을 사용하는 습관을 들이고, 플라스틱 포장재가 적거나 없는 제품을 선택하는 것도 좋아요. 또 플라스틱 빨대, 비닐봉투 사용을 줄이고, 사용한 플라스틱은 재활용 쓰레기로 잘 분리하는 것도 잊지 말고요.

▲ 피해를 입은 바다거북

플라스틱 쓰레기의 위협

우리가 살고 있는 지구에는 물이 아주 많습니다. 지구 표면의 약 70%는 바다로 덮여 있고, 바다는 우리 삶에 없어서는 안 될 소중한 자원이지요. 바다에는 다양한 생물이 살고 있으며, 지구의 기후를 조절하고, 대기 중 열을 흡수하며, 우리가 숨 쉬는 산소의 약 70%를 만들어 줍니다.

하지만 요즘 바다는 점점 오염되고 있습니다. 바다 오염의 가장 큰 원인은 인간의 활동이지요. 전체 바다 오염의 80%가 땅에서 발생합니다. 사람들이 사용한 하수, 화학 비료, 정화되지 않은 오염 물질이 하천을 따라 바다로 흘러 들어가죠. 또 석탄 화력 발전소나 광산에서 나오는 수은 같은 중금속은 물고기 몸속에 쌓여 먹이 사슬을 통해 사람에게까지 영향을 미칠 수 있습니다.

그중에서도 플라스틱 쓰레기는 바다 오염의 주범 중 하나입니다. 사람들이 사용하고 버린 플라스틱은 바다로 흘러 들어가 잘게 부서져 미세 플라스틱이 되는데, 이 작은 조각은 물고기, 바닷새, 심지어 플랑크톤까지 먹이로 착각하고 삼켜요. 이렇게 먹이 사슬을 따라 올라온 플라스틱은 결국 인간에게도 되돌아옵니다.

플라스틱 쓰레기는 또 다른 문제도 일으킵니다. 모래사장에 버려진 플라스틱은 파도를 타고 바다로 들어가 배의 이동을 방해하거나, 양식장 및 어장에 피해를 주기도 합니다. 또한 바다를 터전으로 살아가는 새들은 플라스틱을 먹이로 착각해서 먹은 뒤 목숨을 잃기도 합니다.

바다 위를 둥둥 떠다니는 플라스틱은 햇빛을 가려 해수면에 사는 식물성 플랑크톤이 광합성을 하지 못하게 만들어요. 또 바닷속으로 산소가 녹아드는 것도 막아 다른 해양 생물의 호흡을 어렵게 합니다.

바다 밑으로 가라앉은 쓰레기, 특히 비닐이나 버려진 그물은 수많은 해양 생물의 죽음으로 몰아갑니다. 실제로 비닐을 먹고 죽은 거북이나 그물에 걸려 고통받는 돌고래 이야기는 끊이지 않고 들려옵니다.

바다는 지구 생명의 보고이자 우리의 미래입니다. 바다를 지키는 것은 곧 우리를 지키는 일입니다. 지금 이 순간에도 바다 어딘가에서는 플라스틱 쓰레기 때문에 고통받는 생물이 있을지 모릅니다.

플라스틱 섬, 누구의 책임일까?

요즘 바다에 플라스틱 쓰레기가 너무 많아서 바닷속 동물들이 살기 힘들다며?

맞아요. 2022년 캐나다 해변에서 발견된 고래 배 속에서 무려 150kg이 넘는 쓰레기가 나왔어요. 정말 충격적이었죠.

© GREENPEACE

어휴, 끔찍하다. 그런데 플라스틱이 어떻게 바다에 그렇게 떠다니는 거야?

사람들이 버린 쓰레기는 바다로 흘러 들어가 한곳에 모여요. 꼭 섬처럼 보이죠. 실제로 바다에는 이런 쓰레기 섬이 5개나 있어요. 바닷물이 빙글빙글 도는 '환류' 때문에 쓰레기들이 모여 점점 커지면서 거대한 섬 같은 모습을 만들어요.

북태평양에도 있어?

있어요. 한국에서 가까운 북태평양 쓰레기 섬은 한반도의 7배나 되는 면적이에요. 하지만 이 섬은 공해상에 있어서 어떤 나라도 책임지려 하지 않아요. 그래서 미국의 45대 부통령이자 노벨 평화상 수상자인 엘 고어는 이 문제의 심각성을 알리기 위해 "이 쓰레기 섬의 국민이 되겠다"고 선언하기도 했어요.

그럼 우리도 가만있을 순 없지! 네 마법으로 쓰레기를 몽땅 우주로 날려 버리면 어때?

잠시만요, 그럼 우주에 쓰레기가 둥둥 떠다니잖아요. 우선 진정하시고, 다른 방법을 생각해 보자고요.

＊바다에 플라스틱 쓰레기가 점점 쌓이고 있어요. 이대로 두면 해양 생물은 물론 우리의 삶에도 큰 위협이 될 수 있어요. 그렇다면 바다에 쓰레기가 흘러 들어가지 않게 하려면 어떻게 해야 할까요? 친구들과 함께 플라스틱을 줄일 방법에 대해 이야기를 나눠 보세요.

숨은그림찾기

바다를 오염시킬 수 있는 것들을 모두 찾아 ○를 하세요.

페트병　　과자 봉지　　양말　　칫솔　　캔

정답은 138쪽에 있습니다.

난류 더운 적도 지방에서 흘러나오는 따뜻한 해류.

미세 플라스틱 플라스틱 크기가 5mm(밀리미터)보다 작은 것을 말한다. 우리가 사용하는 생활 플라스틱 제품이 마모되거나 자연환경에 방치, 분해되어 발생한다.

심해 깊은 바다. 보통 수심(물의 깊이)이 200미터 이상이 되는 곳.

왕좌 임금이 앉는 자리.

잠수정 잠수하여 바닷속을 탐사하는 배.

플랑크톤 바다는 물론 공원 연못이나 빗물 고인 웅덩이처럼 물이 있는 곳에 산다. 지구 산소의 반 이상을 만들어 내고 물속 먹이 사슬의 기본이 되는 중요한 생물이다.

한류 추운 극지방에서 흘러나오는 차가운 해류.

환류 해류가 내려오고 올라가는 흐름.

국립생물자원관 www.nibr.go.kr

우리나라 생물 다양성을 효율적으로 보전하고 이용하기 위해 연구하는 환경부 소속 기관입니다. 생물 자원 발굴 조사 및 표본 확보를 위해 노력하고 있으며, 기후 변화 대응 및 생물 다양성 보전 연구를 하고 있습니다.

국립해양생물자원관 www.mabik.re.kr

국내외 해양 생물 자원을 체계적으로 수집 · 보존 · 연구 · 전시 · 교육을 수행하는 기관이에요. 7,500점이 넘는 표본이 보관되어 있으며, 해양 생물에 대한 궁금증을 풀어줄 수 있는 다양한 전시를 하고 있습니다.

국립수산과학원 www.nifs.go.kr

수산 자원, 해양 환경, 양식, 질병, 식품 위생 · 가공, 수산공학, 생명공학 등 수산업 전반에 관한 연구뿐만 아니라 각종 수산 재해를 예측하고 대응하는 등 현장 중심의 수산 기술을 개발하는 곳입니다.

한국해양과학기술원 www.kiost.ac.kr

해양 자원 탐사, 해양 바이오 및 기후 변화 솔루션 연구, 해양 환경 변화 대응 연구 등 해양에 대한 전문 지식을 탐구하는 연구 기관입니다. 해양 연구 조사선인 온누리호, 이사부호를 통해 국내외 바다를 누비며 심해저 자원, 정보 탐사를 하고 있습니다.

신나는 토론을 위한 맞춤 가이드

『바닷속 보물을 찾아라! 심해 탐사와 해양 개발』을 통해 깊은 바닷속에 어떤 생물이 살고 있는지, 바닷속에 어떤 자원이 있는지, 해저 지형을 어떻게 탐사하는지 등을 잘 이해했나요? 이제 마지막 단계인 토론을 잘하려면 올바른 지식과 다양한 정보가 뒷받침되어야 해요. 책을 다 읽고 친구 또는 부모님과 신나게 토론해 봐요!

잠깐! 토론과 토의는 뭐가 다르지?

토론과 토의는 모두 어떤 문제를 해결하기 위해 의견을 나누는 일입니다. 하지만 주제와 형식이 조금씩 달라요. 토의는 여러 사람의 다양한 의견을 한데 모아 협동하는 일이, 토론은 논리적인 근거로 상대방을 설득하는 일이 중요합니다. 토의는 누군가를 설득하거나 이겨야 하는 것이 아니기 때문에 서로 협력해서 생각의 폭을 넓히고 좋은 결정을 내릴 때 필요해요. 반면 토론은 한 문제를 놓고 찬성과 반대로 나뉘어 서로 대립하는 과정을 거치지요. 넓은 의미에서 토론은 토의까지 포함하는 경우가 많습니다. 토론과 토의 모두 논리적으로 생각 체계를 세우고, 사고력과 창의성을 높이는 데 도움을 준답니다.

토론의 올바른 자세

말하는 사람
1. 자신의 말이 잘 전달되도록 또박또박 말해요.
2. 바닥이나 책상을 보지 말고 앞을 보고 말해요.
3. 상대방이 자신의 주장과 달라도 존중해 주어요.
4. 주어진 시간에만 말을 해요.
5. 할 말을 미리 간단히 적어 두면 좋아요.

듣는 사람
1. 상대방에게 집중하면서 어떤 말을 하는지 열심히 들어요.
2. 비스듬히 앉지 말고 단정한 자세를 해요.
3. 상대방이 말하는 중간에 끼어들지 않아요.
4. 다른 사람과 떠들거나 딴짓을 하지 않아요.
5. 상대방의 말을 적으며 자기 생각과 비교해 봐요.

바다를 누비는 물고기, 원산지는 어디일까?

주말 오후, 어시장이 열렸어요. 이제 막 바다에서 잡아 올린 물고기들이 한국산이라는 푯말과 함께 진열되어 있어요. 하지만 바다에는 국경이 따로 없지요. 물고기들은 해류를 따라 바다를 자유롭게 오가지요. 그렇다면 우리나라 어부가 잡은 물고기의 원산지는 어디로 표시해야 할까요?

회유성 어종, 원산지는 어디인가?

물고기는 크게 두 종류로 나뉜다. 하나는 일정한 지역에 머물며 살아가는 정착성 어종, 다른 하나는 산란, 먹이, 적정 수온을 찾아 넓은 바다를 이동하는 회유성 어종이다. 우럭이나 광어처럼 정착성 어류는 먼 바다를 건너 다른 나라로 이동할 수 있는 신체 구조나 능력이 없다. 반면 고등어, 갈치, 참조기, 멸치처럼 우리나라 사람들이 많이 소비하는 회유성 어종은 산란장과 서식지가 달라 먼 거리를 오가며 생활한다.

우리나라는 중국과 일본에 둘러싸여 있어 배타적 경제 수역(EEZ)이 겹치는 해역이 많다. 그곳에서는 한국 어선이 잡으면 한국산, 일본 어선이 잡으면 일본산으로 분류된다. 하지만 같은 회유성 어종이라도 이동 경로를 살펴보면, 일본 어선이 잡은 물고기라도 실제로는 한국 해역에서 성장했을 가능성이 높은 경우도 있다.

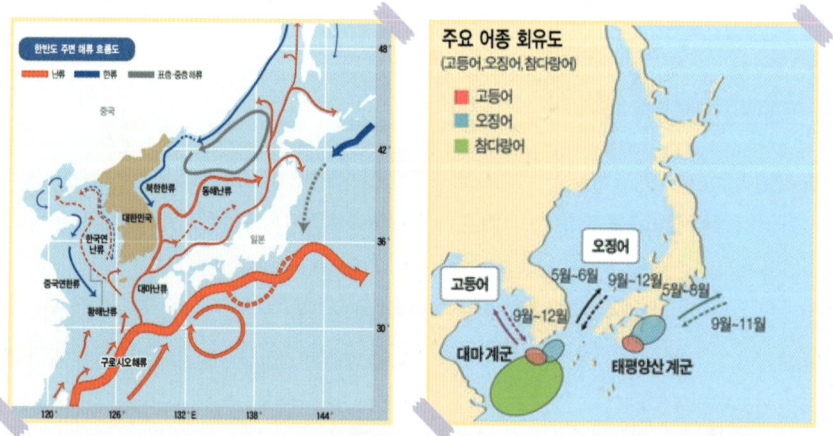

회유: 물고기가 알을 낳거나 먹이를 찾기 위하여 계절에 따라 일정한 시기에 한곳에서 다른 곳으로 떼 지어 헤엄쳐 다니는 일.

1. 바다에서 잡은 물고기를 한국산, 중국산, 일본산으로 구분하는 기준은 무엇일까요?

2. 고등어, 오징어, 참다랑어 중 한국산이라는 푯말이 가장 어울리는 어종은 무엇인 가요?

내가 입는 옷이 바다에 피해를 준다고?

전 세계 바다에는 의류에서 나온 미세 플라스틱이 140만 조개나 있다고 해요. 이것들은 북극에서도 발견되고, 고래 배 속에서도 발견된답니다. 그렇다면 플라스틱도 아닌 옷에서 왜 이렇게 많은 미세 플라스틱이 나오는 걸까요? 그 이유에 관해 다음 기사를 읽고 자신의 생각을 적어 보세요.

옷으로 인한 미세 플라스틱 문제

바다에는 약 140만 조 개의 미세 섬유 조각이 떠다니고 있다. 의류는 해양 미세 플라스틱의 주요 원인 중 하나로, 우리가 입는 옷의 60%는 합성 섬유로 만들어진다. 이 옷들은 생산부터 폐기까지 탄소를 배출하고 미세 플라스틱 문제를 일으킨다.

특히 옷을 세탁할 때마다 약 70만 개의 미세 플라스틱이 배출된다. 2017년 영국 엘런맥아더재단은 2050년에는 연간 7만 톤의 미세 섬유가 환경에 방출될 것으로 전망했다.

미세 플라스틱의 많은 부분은 버려진 플라스틱이 아닌, 옷의 섬유 마찰로 인해 발생한다. 또한, 패스트 패션 산업은 옷을 과도하게 생산·소비하게 해 제3국에 옷무덤을 만들고, 바다 오염 문제를 악화시키고 있다.

미세 섬유는 10µm(마이크로미터) 미만의 섬유를 뜻한다. 1µm가 0.001mm인 것을 감안하면 결국 미세 섬유는 1mm도 되지 않는 크기라는 것을 알 수 있다. 이렇게 작은 미세 섬유는 크기가 너무 작아서 하수처리 시설에서도 걸러지지 않는다고 전해진다. 주로 폴리에스터, 폴리아미드, 폴리프로필렌 등 합성 섬유에서 배출되며, 특히 폴리에스터 섬유는 전 세계 의류 시장의 60%를 차지하고 매년 약 7,666만 톤이 생산된다. 저렴하고 다루기 쉬운 플라스틱 소재가 패스트 패션을 키우면서 미세 플라스틱 문제가 심각해졌다.

<그린포스트코리아> 기사, 2022. 7. 20.

1. 옷에서 나온 미세 플라스틱이 바다로 흘러드는 이유가 무엇인지 적어 보세요.

2. 옷에서 나오는 미세 플라스틱의 양을 줄이려면 어떻게 해야 할까요? 미세 플라스틱을 줄일 수 있는 방법을 생각해 보고, 나만의 방법을 적어 보세요.

심해 광물 채굴 규제는 왜 필요할까?

2021년, 태평양의 섬나라 나우루는 국제해저기구(ISA)에 상업용 심해 채굴에 나서겠다며 가이드라인을 만들어 달라고 요청했어요. 하지만 회원국 간의 첨예한 대립으로 약속된 기한이 지났고 채굴은 국제해양법에 따라 허가되고 말았어요. 그렇다면 왜 가이드라인을 만들지 못한 걸까요? 다음 기사를 읽고 자신의 생각을 적어 보세요.

국제해저기구 "규정 마련 전 채굴 신청 들어오면 협의 진행"

특정 국가의 관할권 밖인 심해 광물 채굴 규제를 둘러싼 결정이 내년 이후에나 나올 전망이다. 블룸버그·로이터통신에 따르면 유엔 산하 국제해저기구는 지난 10~21일 이사회(36개국) 회의와 24~28일 회원국(유럽연합 포함 168개국) 총회를 통해 2024년까지 채굴을 위한 법적 프레임워크를 마련하기로 합의했다.

국제해저기구는 규정이 완전히 마련되기 전에 채굴 '작업 계획' 신청이 접수될 경우, '2년 룰' 적용 여부를 차기 회의에서 결정할 계획이라고 전했다. '2년 룰'은 국제해저기구 회원국이 채굴 의사를 밝히면 2년 이내에 심사를 마쳐야 한다는 규정이다.

한편 심해 채굴 규정 논의는 2016년부터 시작되었으며, 2021년 태평양 섬나라 나우루가 공식적으로 규제 제정을 요청하면서 2년 룰이 발동됐다. 그러다 지난 7월 9일, 이사회 회의 하루 전 기한이 지나면서 현재는 명확한 법적 기준 없이 채굴 신청아 가능한 상황이 됐다.

중국을 필두로 한 일부 국가는 심해 광물 채굴에 적극적인 입장이다. 전기차 배터리 생산에 필수적인 니켈을 포함해 각종 희토류를 얻을 수 있는 '다금속단괴'(망간단괴라고도 부름)를 캐는 과정에서 지상에서보다 환경 파괴가 적기 때문에 에너지 전환을 가속할 수 있다는 게 그들의 주장이다.

반면 프랑스, 독일, 칠레 등은 명확한 관련 연구가 수행되지 않은 상황에서 잠재적으로 생태계에 중요한 서식지와 종을 파괴할 수 있다며 채굴에 반대하는 입장을 내놓고 있다.

<연합뉴스> 기사, 2023. 8. 1.

1. 심해 채굴에 관련하여 회원국이 첨예하게 대립한 이유가 무엇일까요? 그 이유를 적어 보세요.

2. 심해에서 광물 자원을 채굴해야 할까요? 아니면 보호해야 할까요? 찬성이나 반대 중 하나를 선택해 그 이유를 적어 보세요.

심해에 사는 동물 그리기

심해는 햇빛조차 닿지 않는 신비로운 곳이에요. 그곳에는 괴상하면서도 놀라운 생물들이 살고 있답니다. 자, 이제 여러분의 상상력을 펼쳐 볼 차례예요. 아직 발견되지 않은 심해 생물들을 상상해 그려 보고, 어울리는 이름도 지어 주세요.

바다를 누비는 물고기, 원산지는 어디일까?

1. 한국 영해에서 잡히면 한국산, 일본 영해에서 잡히면 일본산이라고 부른다.

2. 고등어, 서해, 남해, 동해를 두루 돌아다니면서 지내지만, 다른 바다로는 이동하지 않는다.

내가 입는 옷이 바다에 피해를 준다고?

1. 옷에 사용된 합성 섬유는 세탁할 때 아주 작은 미세 섬유 조각이 떨어져 나온다. 이 조각은 너무 작아서 하수 처리 시설에서 걸러지지 않고, 그대로 강이나 하천을 거쳐 바다로 흘러 들어가기 때문이다.

2. 옷에서 나오는 미세 플라스틱을 줄이려면 몇 가지 노력이 필요하다. 첫째, 합성 섬유 대신 천연 섬유로 만든 옷을 선택하는 것이 좋다. 천연 섬유는 미세 플라스틱이 배출이 적어 환경에 더 안전하다. 둘째, 패스트 패션처럼 자주 옷을 사고 버리는 습관을 줄이고, 필요한 만큼만 사서 오래 입는 태도가 필요하다. 셋째, 옷을 세탁하는 횟수를 줄여 본다. 이런 작은 실천을 통해 미세 플라스틱 문제를 조금씩 줄여 나갈 수 있을 것이다.

심해 광물 채굴 규제는 왜 필요할까?

1. 회원국들이 심해 채굴을 두고 대립하는 이유는 자원 개발과 환경 보호라는 두 가치가 충돌하기 때문이다. 일부 국가는 전기차 배터리에 필요한 니켈과 희토류 같은 자원을 얻기 위해 심해 채굴이 필요하다고 주장한다. 반면 다른 국가는 심해 생태계에 대한 연구가 아직 충분하지 않으므로, 무분별한 채굴이 생물 다양성을 해치고 생태계를 파괴할 수 있다고 우려한다. 이처럼 자원 개발과 환경 보존을 둘러싼 상반된 입장이 맞서면서 회원국 사이에 첨예한 갈등이 이어지고 있다.

2. 찬성: 나는 심해에서 광물 자원을 개발해야 한다고 생각한다. 그 이유는 전기차나 친환경 에너지에 꼭 필요한 니켈과 희토류 같은 자원이 심해에 많이 있기 때문이다. 땅 위에서는 자원이 점점 줄어들고 있지만, 심해에서는 새로운 자원을 얻을 수 있다. 또한 기술이 발전하면 환경 피해를 줄이면서도 자원을 효율적으로 채굴할 수 있을 것이다.

반대: 나는 심해에서 광물 자원을 개발하기보다는 보호해야 한다고 생각한다. 그 이유는 심해는 아직 사람이 거의 탐사하지 못한 신비로운 생태계이기 때문이다. 어떤 생물이 살고, 어떤 환경인지도 잘 모르는 상황에서 자원을 캐면 생태계가 파괴될 수 있다. 한 번 파괴된 바다는 다시 회복되기 어렵다. 그래서 나는 심해는 인류의 공동 자산으로 보고, 먼저 보호하고 연구해야 한다고 생각한다.

36쪽

126쪽

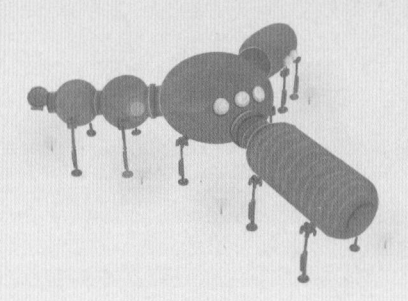